PRINCIPES
DE MUSIQUE
ET DE PLAIN-CHANT

CONTENANT LES ÉLÉMENTS SIMPLES ET COMPLETS
DE LA MUSIQUE ET DU CHANT LITURGIQUE, LA NOTATION
ORDINAIRE ET LA NOTATION EN CHIFFRES, LA GÉNÉRATION DES GAMMES
DES DIFFÉRENTS MODES, LES RÈGLES GÉNÉRALES DE LA
TRANSPOSITION ET DE LA MODULATION, ETC.,

À l'usage des élèves des écoles et des pensions,

Par GILLET-DAMITTE

Instituteur breveté
pour l'enseignement primaire élémentaire, supérieur et secondaire,
Lauréat de la Société pour l'Instruction primaire et de l'Athénée de Paris
Officier de l'Instruction publique, Chevalier de l'ordre impérial de la Perse.

PARIS,
IMPRIMERIE ET LIBRAIRIE CLASSIQUES
DE JULES DELALAIN
(IMPRIMEUR DE L'UNIVERSITÉ)
Rues de la Sorbonne, des Écoles et des Mathurins

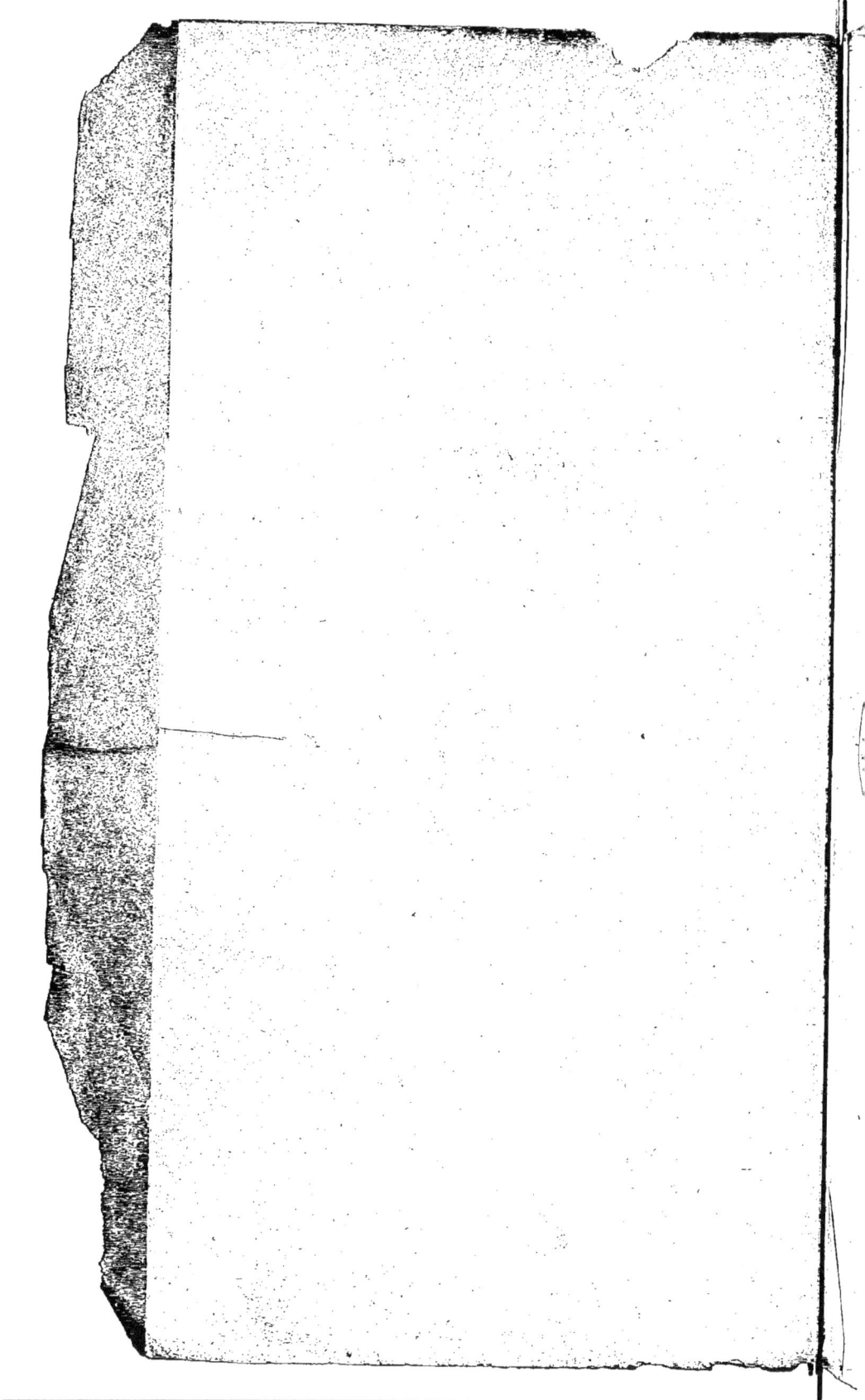

PRINCIPES
DE MUSIQUE
ET DE PLAIN-CHANT

CONTENANT LES ÉLÉMENTS SIMPLES ET COMPLETS
DE LA MUSIQUE ET DU CHANT LITURGIQUE, LA NOTATION
ORDINAIRE ET LA NOTATION EN CHIFFRES, LA GÉNÉRATION DES GAMMES
DES DIFFÉRENTS MODES, LES RÈGLES GÉNÉRALES DE LA
TRANSPOSITION ET DE LA MODULATION, ETC.,

A l'usage des élèves des écoles et des pensions,

Par GILLET-DAMITTE

Instituteur breveté
pour l'enseignement primaire élémentaire, supérieur et secondaire,
Lauréat de la Société pour l'Instruction primaire et de l'Athénée de Paris,
Officier de l'Instruction publique, Chevalier de l'ordre impérial de la Perse.

PARIS.
IMPRIMERIE ET LIBRAIRIE CLASSIQUES
DE JULES DELALAIN
IMPRIMEUR DE L'UNIVERSITÉ
Rues de la Sorbonne, des Écoles et des Mathurins.

M DCCC LIX
1858

Tout contrefacteur ou débitant de contrefaçons de cet Ouvrage sera poursuivi conformément aux lois; tous les exemplaires sont revêtus de ma griffe.

Jules Delalain.

En prescrivant, par la loi du 15 mars 1850, l'enseignement du chant dans les écoles, le législateur s'est proposé d'abord un but moralisateur, celui de donner à tous les enfants des diverses classes de la société un moyen d'occuper honnêtement leurs moments de repos, par le travail récréatif de l'étude et de l'exécution de la musique.

Cet art qu'on appelle divin réchauffe le cœur, élève l'âme et fournit à l'esprit, par les poésies pieuses ou patriotiques qu'il rehausse de ses mélodieux accents, la pensée constante de ce qui est religieux et de ce qui est beau. Pour le jeune homme ou pour l'adulte qui se livre à la musique, de nobles et généreux instincts préviennent ou étouffent les mauvaises passions : l'usage qu'on fait de cet art, en assurant la paix intérieure, concourt à affermir le repos de la conscience. Mais là ne se sont pas bornées les vues du gouvernement. Protecteur naturel des croyances catholiques de la majorité des Français, il a compris que dans l'enseignement du *chant*, le chant liturgique, le *plain-chant*, doit avoir sa place marquée. Dans les écoles des communes rurales, cet enseignement ne peut produire que de très-avantageux résultats. En apprenant aux enfants les éléments du chant grégorien, on leur rend agréable la fréquentation de l'église ; et l'attrait d'un plaisir noble, comme celui qu'excitent les mélodies sacrées, les porte à suivre, tout le temps de leur vie, avec plus d'assiduité, les offices du dimanche.

Chaque jour l'étude du chant et même celle du plain-chant acquièrent plus d'importance. Des cours spéciaux sont créés dans les écoles ; des sociétés d'orphéon se forment dans les principales communes ; des concours publics ont lieu chaque année. On comprend en même temps davantage la nécessité de donner au plain-chant la large part qu'il doit avoir dans l'enseignement. Dans les villes, d'actives recherches sont faites sur cette matière par des hommes savants pour remonter au principe du chant grégorien, en dévoiler les mystères et en apprécier le caractère sublime. D'un autre côté, avec quelle grandeur d'effet le chant liturgique n'est-il pas exécuté dans nos cathédrales et souvent même dans nos plus modestes églises de campagne ?

C'est pour entrer dans ces considérations que nous publions cet ouvrage. Loin de nous la pensée de l'offrir comme un solfége. Instruit par l'expérience que tout livre ou tout morceau de musique peut être un solfége, si une méthode certaine et des éléments simples mais sévères président à l'étude, nous publions les résultats de cette expérience. Et afin de suivre la voie nouvelle qu'a ouverte aux études musicales, au commencement du dix-huitième siècle, un savant qui lui-même a imité les anciens, nous donnons en même temps les principes de la notation sur la portée et ceux de la notation en chiffres.

Après avoir exposé les éléments de la notation de la musique dans ces deux systèmes, et après avoir donné ceux des principaux intervalles, des gammes, des tons ou modes, de leur génération, de l'exécution, de la transposition et de la modulation, nous traitons du plain-chant. Convaincu que la notation en chiffres, simple dans son système, économique dans son exécution typographique, est appelée à rendre au culte catholique de grands services en réduisant le prix et le volume des livres notés à l'usage des fidèles, nous suivons pour la notation du plain-chant la même méthode que pour la musique; nous en donnons la notation par portée et la notation en chiffres : c'est le premier pas fait en ce genre. Abordant ensuite l'exécution, nous exposons chacun des huit tons, leur nature, leur génération. Une série d'exercices et d'observations conduisent à l'application du texte sacré. Viennent ensuite les transpositions diverses applicables aux huit tons, et nous terminons les éléments du plain-chant par un chapitre sur la psalmodie si fréquemment en usage dans les offices de l'église.

Pour rendre ce modeste travail aussi utile que possible, nous ne nous en sommes pas rapporté à nos faibles lumières : nous avons consulté les ouvrages les plus renommés parmi les anciens et parmi les modernes. Puisse ce tribut de nos sincères efforts être accueilli avec indulgence, et rendre quelque service à la jeunesse ou à ceux qui prennent soin de l'instruire!

PRINCIPES
DE MUSIQUE.

Définitions.

La *musique* est l'art de combiner et d'émettre les sons pour produire la mélodie et l'harmonie.

Le *son musical* est un bruit réglé, résonnant et appréciable, produit par la voix ou par un instrument.

La *mélodie* est une suite de sons qui se succèdent pour former un chant agréable comme le mot mélodie l'indique. La mélodie vocale se nomme *chant*, et la mélodie instrumentale, qui comporte ordinairement des accompagnements, se nomme *symphonie*.

On appelle *accord* la réunion de plusieurs sons qui, entendus en même temps, charment l'oreille.

L'*harmonie*, comme effet, est une succession d'accords ; comme science, c'est l'application des lois des accords.

Gamme, notes, notation.

On appelle *gamme* une suite de sept sons, qui vont de bas en haut, ou mieux, du grave à l'aigu, jusqu'à ce qu'on y ajoute l'inflexion du premier son ou son de départ, comme *ut, ré, mi, fa, sol, la, si, ut*[1]. Alors il y a une succession progressive de huit sons qu'on appelle *octave;* dans ce cas, c'est la *gamme montante*. Si les sons de la gamme se succèdent dans le sens inverse et analogue de haut en bas, c'est la *gamme descendante*, comme *ut, si, la, sol, fa, mi, ré, ut*.

Il y a donc sept sons différents dans une gamme et huit dans l'octave.

---

[1]. *Do*, si l'on ne veut plus de l'*ut* traditionnel du savant Gui d'Arezzo.

La gamme-octave *ut, ré, mi, etc.*, sert de base à notre système musical. L'expression de chaque son de la gamme s'appelle *intonation*. L'intonation est *juste* quand chaque son de la gamme est exact et ne choque pas l'oreille, autrement l'intonation est *fausse*.

Le signe qui, par écrit, représente chaque son de la gamme s'appelle *note*, et l'ensemble de ces signes et des autres qui s'y rapportent prend le nom de *notation*.

Il y a trois genres de notation :

La *notation par portée*, qui se fait sur des lignes horizontales et sur des interlignes, et dont l'usage remonte à Gui d'Arezzo, vers le dixième siècle.

La *notation par chiffres*, qui a pour auteur J. J. Rousseau et qui fut approuvée par l'académie des sciences au commencement du dix-huitième siècle.

La *notation odogramme*, au moyen des lettres de l'alphabet. Ce système, qui fut suivi par les Grecs et les Romains, a été appliqué de nouveau dans ces derniers temps.

Notation par portée.

On voit que dans la notation par portée : 1° les notes sont de gros points dont plusieurs sont accompagnés d'un trait vertical appelé queue et qui s'écrivent sur des lignes ou

1.

barreaux noirs et entre des lignes ou barreaux blancs ; 2° les lignes sont au nombre de cinq et se comptent de bas en haut; première, deuxième, troisième, quatrième, cinquième ; 3° la portée est la réunion des lignes et des interlignes.

Notation par chiffres.

La notation par chiffres consiste à représenter les sept sons ou notes *ut, ré, mi, fa, sol, la, si*, par les sept premiers chiffres de la numération auxquels on ajoute le premier pour faire l'octave, de cette manière :

NOTES : ut, ré, mi, fa, sol, la, si, ut.   ut, si, la, sol, fa, mi, ré, ut.
NOTATION : 1 2 3 4 5 6 7 1̇   1̇ 7 6 5 4 3 2 1
En montant.   *En descendant.*

Cette notation n'exige pas l'espace voulu pour la notation par portée, le même signe représente toujours la même note. L'*ut* chiffré à l'octave se marque d'un point superposé ; et s'il y a des notes qui descendent au-dessous de la première note, *ut* par exemple, on les marque d'un point posé sous la note-chiffre, comme 1 7̣ 6̣ 5̣, *ut, si, la, sol*.

Notation odogramme.

La notation odogramme se fait en employant les sept premières lettres de l'alphabet, soit majeures, soit mineures, pour représenter les sept sons ou notes *ut, ré, mi, etc.* ; on ajoute la première lettre pour faire l'octave, de cette manière :

NOTES : ut, ré, mi, fa, sol, la, si, ut.   ut, si, la, sol, fa, mi, ré, ut.
NOTATION : A B C D E F G A   A G F E D C B A
En montant.   *En descendant.*

Dans cette notation on peut aussi marquer d'un point superposé l'*ut* de l'octave.

La notation odogramme ne semblant pas offrir les mêmes avantages que la notation chiffrée, et s'effectuant d'ailleurs à peu de chose près comme cette dernière, nous n'y consacrerons pas d'autres détails.

Quelle que soit la manière de noter les sons, la distance d'une note à une autre s'appelle *intervalle*. On nomme *degrés* les lignes et les interlignes par lesquelles on mesure les intervalles sur la portée. Le degré est aussi l'intervalle sans intermédiaire d'une note à une autre dans la gamme.

Tons et demi-tons

Les sons de la gamme se partagent en *tons* et en *demi-tons*.

Toute gamme-octave comme celle ci-dessous, qui commence par *ut* et qui est la gamme-modèle, comprend cinq tons et deux demi-tons; en totalité douze demi-tons.

Dans toute gamme-octave, comme la gamme-modèle ci-dessous, les deux demi-tons se trouvent de *mi* à *fa* en montant, c'est-à-dire du troisième au quatrième degré, et de *si* à *ut*, c'est-à-dire du septième au huitième degré.

Exemple :

Clefs.

Chaque portée est munie au commencement d'un signe appelé *clef*.

La clef détermine la place des notes écrites sur la portée tant que la clef n'est pas changée.

Il y a trois sortes de clefs, la *clef de sol*, la *clef de fa* et la *clef d'ut*.

La clef de *sol* se pose sur la deuxième ligne, et la clef de *fa* sur la quatrième ligne. Ces deux clefs sont le plus en usage.

Les clefs d'*ut* se posent sur la première, sur la deuxième, sur la troisième et sur la quatrième ligne.

Dans la musique vocale, la clef de *sol* et la clef de *fa* ont l'étendue marquée sur le tableau ci-après. Il a été dressé selon l'étendue des sons réunis que peuvent parcourir les diverses sortes de voix humaines. Cette étendue peut se diviser en gamme moyenne, en gamme supérieure et en gamme inférieure. Cette dernière est précédée d'une demi-gamme *sous-inférieure*.

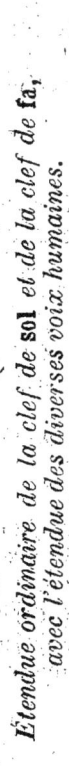

Étendue ordinaire de la clef de sol et de la clef de fa, avec l'étendue des diverses voix humaines.

La notation par chiffres, comme ce tableau le démontre, n'a donc pas besoin de l'emploi de la portée pour marquer les différentes gammes, soit moyenne, supérieure ou inférieure.

On distingue la gamme supérieure par un point placé au-dessus des chiffres qui servent de notes.

On marque d'un point au-dessous les chiffres de la gamme inférieure, et si l'on a une gamme encore plus basse ou sous-inférieure, on pose deux points au-dessous de chaque chiffre. De cette manière, quelle que soit l'étendue de l'échelle, la même note se lit toujours par le même signe.

Quelquefois dans le chant, souvent dans la musique instrumentale, on est obligé, dans la notation par portée, pour donner plus d'étendue à l'échelle, d'ajouter au-dessous et au-dessus de la portée des lignes supplémentaires. Les lignes ajoutées s'appellent *lignes d'emprunt*.

Dièse, bémol, bécarre.

Chaque son de la gamme est susceptible d'être haussé ou baissé d'un demi-ton, puis d'être remis dans son intonation naturelle. Pour exprimer ces trois *accidents*, qu'improprement l'on appelle *altérations*, on emploie trois signes :

Le *dièse* ♯ qui, placé avant une note, indique qu'elle doit être haussée d'un demi-ton.

Le *bémol* ♭ qui, placé avant une note, indique qu'elle doit être baissée d'un demi-ton.

Le *bécarre* ♮ qui, placé avant une note, indique qu'elle doit être rétablie dans l'intonation qu'elle avait primitivement. Exemples :

ut naturel. *ut* dièse. *ut* naturel. *si* naturel. *si* bémol. *si* naturel.

Le ♯, le ♭ et le ♮ n'ont d'effet, quand ils ne sont pas posés à la clef, que dans la place qu'ils occupent entre les barres verticales et alors on dit qu'ils sont *accidentels*.

Le # et le ♭ posés à la clef affectent, dans toute l'étendue du morceau, la note qui occupe la ligne ou l'interligne où ils se trouvent. Le ♮, dans ce cas, n'a d'effet qu'*accidentellement* sur les notes comprises entre les deux barres qui indiquent une mesure.

Dans la notation chiffrée, le # se forme en traversant la *note-chiffre* d'un trait montant de gauche à droite de cette manière : *fa*#, *4̸* ; *ut* #, *1̸*. On marque le bémol par un semblable trait descendant de droite à gauche : *si* ♭, *7̸* ; *mi* ♭, *3̸*. Le bécarre n'existe pas ; un chiffre ordinaire marque une note à son ton naturel.

Mesure.

La *mesure* consiste à partager les notes entre plusieurs durées égales appelées *temps*. Par conséquent, la mesure indique les groupes de temps.

Le temps ou un temps est une unité de durée dans la mesure.

Le *rhythme* est l'ensemble de plusieurs mesures qui expriment une idée mélodique.

Il y a trois principales sortes de mesures auxquelles se rapportent les autres : ce sont les *mesures à deux*, *à trois* et *à quatre temps* ; ces mesures se battent, en chantant, avec la main, et, en jouant d'un instrument, avec le bout du pied[1].

Manière de battre ces mesures.

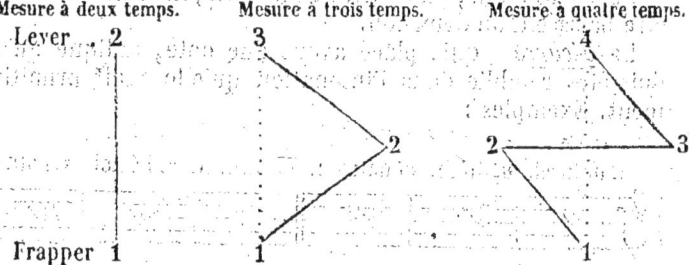

1. Il faut éviter le ridicule que se donnent des chanteurs en faisant des mouvements exagérés du bras, du corps ou du pied. Pour me servir d'une expression consacrée par beaucoup de musiciens, nous dirons qu'on marque ordinairement la mesure *dans le soulier*, le pied et la main restant immobiles comme le reste du corps.

Valeur et forme des notes et des silences. Mesures[1].

Dans un temps donné, une seule ou plusieurs notes équivalant à l'unité de temps peuvent être produites. Les notes, les unes relativement aux autres, ont, à cet effet, une valeur. Cette valeur est indiquée par différentes formes, et quelquefois comptée en *silences*.

Formes des notes et silences équivalents.

	ronde	blanche	noire	croche	double croche	triple croche	quadruple croche
Notes	𝅝	𝅗𝅥	𝅘𝅥	𝅘𝅥𝅮	𝅘𝅥𝅯	𝅘𝅥𝅰	𝅘𝅥𝅱
Silences équivalents	pause	demi-pause	soupir	demi-soupir	quart de soupir	demi-quart de soupir	seizième de soupir

La 𝅝 vaut 𝅗𝅥 𝅗𝅥 — La 𝅗𝅥 vaut 𝅘𝅥 𝅘𝅥 — La 𝅘𝅥 vaut 𝅘𝅥𝅮 𝅘𝅥𝅮 —
La 𝅘𝅥𝅮 vaut 𝅘𝅥𝅯 𝅘𝅥𝅯 — La 𝅘𝅥𝅯 vaut 𝅘𝅥𝅰 𝅘𝅥𝅰 — La 𝅘𝅥𝅰 vaut 𝅘𝅥𝅱 𝅘𝅥𝅱

Les silences servent à indiquer une interruption de chant sans que la mesure cesse. Pour indiquer plusieurs mesures de silences, on écrit les signes suivants :

2	4	5	6 mesures.

Le point placé à la droite d'une note indique que cette note doit être augmentée de la moitié de sa valeur en durée.

Exemples : La 𝅝 · vaut 𝅗𝅥 𝅗𝅥 𝅗𝅥

La 𝅗𝅥 · vaut 𝅘𝅥 𝅘𝅥 𝅘𝅥

1. Voyez ci-après, pour le même sujet, la valeur des notes et des mesures en chiffres.

On appelle *triolet*, un groupe de trois notes équivalent à deux notes de même valeur pour la durée dans un temps,

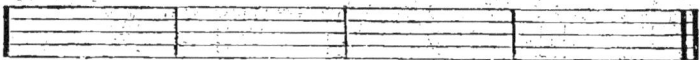

Le triolet est surmonté du chiffre 3.

Les mesures sont marquées sur la portée par des traits verticaux simples qu'on appelle *barres de mesure*.

Barres de mesure.

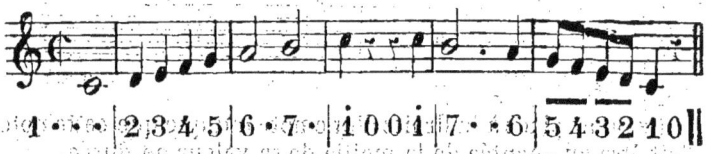

Voici les diverses manières dont se forment les mesures :

La mesure à deux temps se compose de la ronde et de ses subdivisions ; elle se marque ainsi ₵ ou 2, après la clef[1].

Il y a une autre mesure à deux temps qu'on marque $\frac{2}{4}$, parce qu'elle se compose de la blanche ou de deux noires qui sont les $\frac{2}{4}$ de la ronde.

[1]. Comme les exemples de mesures marquées sur la portée sont traduits en notation chiffrée, voyez ci-après : *Valeur des notes en chiffres*, que, pour plus de clarté, nous avons exposée séparément.

Exemple en chiffres :

$1\cdot\ |\ \overline{2\ 3}\ 4\ 5\ |\ 6\ 7\ \overline{\dot{1}\ 0\ 0\ \dot{1}}\ |\ 7\cdot\ 6\ |\ \overline{5\ 4\ 3\ 2}\ 1\ 0\ \|$

La mesure à $\frac{6}{8}$, ainsi appelée parce qu'elle comprend les six huitièmes d'une ronde, se bat aussi à deux temps.

La mesure à trois temps se marque $\frac{3}{4}$, dès $\frac{3}{4}$ de la ronde, et $\frac{3}{8}$, quand elle a une croche par temps.

La mesure à quatre temps, qui est la plus grave, comprend la ronde et ses subdivisions; chaque temps est formé d'une noire ou de ses valeurs. Elle se marque C.

Deux traits verticaux renforcés ‖ indiquent la fin d'un morceau.

Deux traits pointés ainsi :‖ indiquent une reprise à faire à partir des deux traits pointés comme il suit ‖: .

Le signe 𝄋 marque qu'il faut recommencer le morceau à partir du lieu où il est précédemment placé.

Valeurs des notes et des mesures en chiffres.

Pour exprimer les valeurs en chiffres et former les mesures, on considère que chaque mesure binaire (à deux éléments) ou ternaire (à trois éléments) est formée par plusieurs unités de temps.

On admet d'abord le principe général qui suit : Tout signe isolé représente l'unité de temps. Puis celui-ci : Le signe isolé peut être signe d'articulation, de prolongation ou de silence.

L'unité d'articulation est un chiffre quelconque, par exemple 3.

L'unité de prolongation est le *point*.

L'unité de silence est le *zéro*.

Soit une mesure à quatre temps : les quatre temps de cette mesure peuvent donc être représentés par | 1 2 3 4 |, par | 1 . . . |, par | 0 0 0 0 |.

Dans ce système le . et le 0 sont pris, se comptent et se mesurent comme les notes. Le point se marque après un 0 pour prolonger un silence. Le plus souvent la prolongation du silence est marquée par un nouveau 0.

Pour exprimer les moitiés, on tire un trait horizontal qui recouvre deux signes; pour représenter les tiers, le trait est superposé aux trois, dans les triolets par exemple ou la mesure à $\frac{6}{8}$.

$\overline{1\ 2}$ équivalant à ♪♪   pour les sons articulés.

$\overline{\cdot\ \cdot}$ —   *Idem*   pour les sons prolongés.

$\overline{0\ 0}$ —   ۶ ۶   pour les silences.

1 2 3	—	♪♪♪ pour les sons articulés.
. . .	—	♩ . pour les sons prolongés.
0 0 0	—	⁊ ⁊ pour les silences.
1 2 3 4	—	♫♫ pour les sons articulés.
. . . .	—	*Idem* pour les sons prolongés.
0 0 0 0	—	⁊ ⁊ ⁊ ⁊ pour les silences;

On peut avoir pareillement :

1 2 3 4 5 6 7 1̇ équivalant à ♫♫♫♫

. . . . ♩

0 0 0 0 0 0 0 0 — ⁊ ⁊ ⁊ ⁊ ⁊ ⁊ ⁊ ⁊

Dans ce système de notation en chiffres, chaque unité de temps est divisée par un espace appréciable, et les parties de l'unité doivent être toujours réunies en un seul groupe sous un trait unique placé au-dessus du groupe en forme d'accolade. Les mesures sont séparées par de petites barres verticales (voyez les exemples ci-dessus par portée et en chiffres, pages 10, 11 et 12).

Liaison. Syncope.

Liaison. On appelle *liaison* un signe ⌢ qui sert à indiquer que les notes au-dessus et au-dessous desquelles il se trouve doivent être coulées ou syncopées.

Plusieurs notes sont coulées quand la transition de l'une à l'autre se fait avec douceur et sans heurt ni choc. Le contraire a lieu quand les notes doivent être détachées; alors elles sont marquées d'un point dans la notation par portée.

Dans la notation en chiffres, les notes détachées sont considérées comme perdant moitié de leur valeur et sont suivies chacune d'un silence équivalent. Aussi les croches sont-elles représentées par des notes égales en valeur aux doubles croches de la portée, et les noires par des notes égales en valeur aux croches.

Syncope. Quand deux mêmes notes sont liées, elles ne doivent se faire entendre que comme une seule ; mais quand elles sont coupées par le temps et la mesure, elles sont dites *syncopées*. La *syncope* est le prolongement sur un ou sur plusieurs temps d'une note commencée sur un autre.

Signes divers.

Point d'orgue. Le *point d'orgue* ou mieux *point d'arrêt* est un signe qui indique que la mesure doit être suspendue sur la note ou sur le silence où il est marqué, pour reprendre ensuite sur la note suivante.

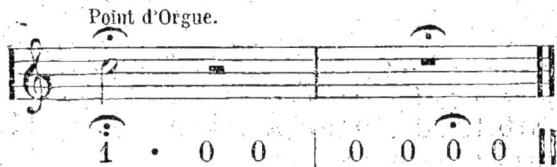

Notes d'agrément. On appelle *notes d'agrément* de petites notes écrites dans la mesure et qui ne peuvent être exécutées qu'aux dépens de la valeur de celle qui les suit ou qui les précède. On les appelle ainsi, parce qu'elles peuvent être omises sans inconvénient et qu'elles servent seulement à orner la mélodie.

Il y a cinq sortes de petites notes, dont l'emploi a lieu comme il suit :

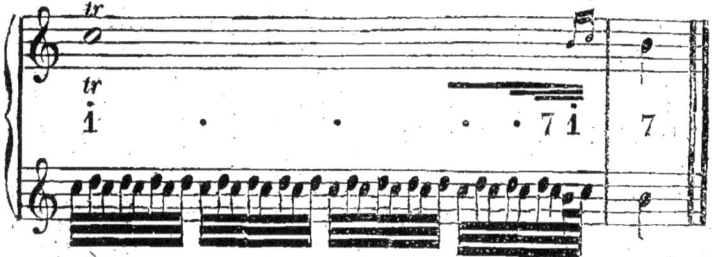

Le signe < veut dire qu'il faut renforcer le son; le signe contraire > signifie qu'il faut diminuer le son; un F veut dire fort; FF, très-fort. Un P veut dire *piano* ou doucement; deux PP, très-doucement.

Tout ce que nous avons dit jusqu'ici appartient à la notation; nous allons maintenant entrer dans quelques détails sur les intervalles de la gamme et les modes de la musique.

Intervalles. Gammes. Tons.

Intervalles. Quand deux mêmes notes se suivent, il n'y a pas d'intervalle qui les sépare, puisqu'un *intervalle* est la distance entre deux notes de différent degré : ces notes sont dites à l'*unisson*.

Il y a, en musique, différents intervalles, mais on en distingue sept principaux dans une gamme; ce sont :

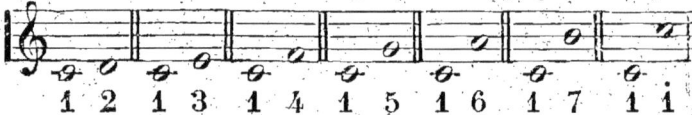

Secondes. La *seconde* est l'intervalle de deux sons diatoniques. Le genre diatonique, du grec *dia*, par, et *tonos*, ton, est celui dans lequel un son, passant d'un ton à un autre, suit la division naturelle de la gamme ; la tierce est l'intervalle de trois, la quarte de quatre, la quinte de cinq, la sixte de six, la septième de sept, l'octave enfin de huit sons diatoniques.

Chaque série d'intervalles peut commencer par l'une des sept notes de la gamme modèle ; c'est pourquoi il y a, en montant et en descendant :

SEPT SECONDES :	ut-ré,	ré-mi,	*mi-fa*,	fa-sol,	sol-la,	la-si,	*si-ut*,
	1-2,	2-3,	3-4,	4-5,	5-6,	6-7,	7-1̇.
SEPT TIERCES :	ut-mi,	ré-fa,	mi-sol,	fa-la,	sol-si,	la-ut,	si-ré.
	1-3,	2-4,	3-5,	4-6,	5-7,	6-1̇,	7-2̇.
SEPT QUARTES :	ut-fa,	ré-sol,	mi-la,	fa-si,	sol-ut,	la-ré,	si-mi.
	1-4,	2-5,	3-6,	4-7,	5-1̇,	6-2̇,	7-3̇.
SEPT QUINTES :	ut-sol,	ré-la,	mi-si,	fa-ut,	sol-ré,	la-mi,	si-fa.
	1-5,	2-6,	3-7,	4-1̇,	5-2̇,	6-3̇,	7-4̇.
SEPT SIXTES :	ut-la,	ré-si,	mi-ut,	fa-ré,	sol-mi,	la-fa,	si-sol.
	1-6,	2-7,	3-1̇,	4-2̇,	5-3̇,	6-4̇,	7-5̇.
SEPT SEPTIÈMES :	ut-si,	ré-ut,	mi-ré,	fa-mi,	sol-fa,	la-sol,	si-la.
	1-7,	2-1̇,	3-2̇,	4-3̇,	5-4̇,	6-5̇,	7-6̇.
SEPT OCTAVES :	ut-ut,	ré-ré,	mi-mi,	fa-fa,	sol-sol,	la-la,	si-si.
	1-1̇,	2-2̇,	3-3̇,	4-4̇,	5-5̇,	6-6̇,	7-7̇.

Parmi les sept secondes, nous en trouvons deux, *mi fa, si ut,* qui ne contiennent qu'un demi-ton, tandis que les cinq autres contiennent un ton entier. Celle qui contient un ton est une seconde majeure ; celle qui ne contient qu'un demi-ton, est une seconde mineure. On trouve dans la gamme naturelle cinq secondes majeures et deux secondes mineures.

Tous les intervalles, à partir de la tierce jusqu'à l'octave, sont composés de secondes superposées.

Ainsi : *deux* secondes superposées donnent la *tierce;*
       trois secondes   —   la *quarte;*
       quatre secondes   —   la *quinte;*
       cinq secondes   —   la *sixte;*
       six secondes   —   la *septième;*
       sept secondes   —   l'*octave*.

Tierces. La *tierce majeure* est celle qui contient deux secondes majeures ou deux tons comme *ut mi; fa la; sol si*.
                             1 3   4 6   5 7

La *tierce mineure* est celle qui contient une seconde majeure et une seconde mineure ou un ton et demi, comme *ré fa; la ut; mi sol; si ré*.
       2 4   6 1   3 5   7 2

On trouve dans la gamme naturelle *trois* tierces majeures et quatre tierces mineures (voir le tableau ci-dessus).

En général, la différence entre un intervalle majeur et un intervalle mineur consiste en ce que l'intervalle mineur a un demi-ton de moins que l'intervalle majeur.

Quartes. La quarte majeure est celle qui contient trois secondes majeures ou trois tons comme *fa si*.
                                      4 7

Elle est appelée fausse quarte, quarte superflue, triton.

La quarte mineure est celle qui contient deux secondes majeures et une seconde mineure ou deux tons et demi, comme *ut fa, mi la*.
       1 4   3 6

Elle est appelée quarte juste.

On trouve dans la gamme naturelle une quarte majeure et six quartes mineures (voir le tableau ci-dessus).

Quintes. La quinte majeure est celle qui contient trois secondes majeures et une seconde mineure ou trois tons et un demi-ton, comme *ut sol, ré la*.
       1 5   2 6

On l'appelle *quinte juste*.

La quinte mineure est celle qui contient deux secondes majeures et deux secondes mineures ou deux tons et deux demi-tons, comme *si fa*.
7 4

Elle est appelée quinte fausse ou diminuée.

On trouve dans la gamme naturelle six quintes majeures et une quinte mineure (voir le tableau ci-dessus).

Sixtes. La sixte majeure est celle qui contient quatre secondes majeures et une seconde mineure ou quatre tons et un demi-ton, comme *ut la, ré si*.
1 6 2 7

La sixte mineure est celle qui contient trois secondes majeures et deux secondes mineures ou trois tons et deux demi-tons, comme *mi ut*.
3 1

On trouve dans la gamme naturelle quatre sixtes majeures et trois sixtes mineures (voir le tableau ci-dessus).

Septièmes. La septième majeure est celle qui contient cinq secondes majeures et une seconde mineure, comme *ut si, fa mi,* ou cinq tons et un demi-ton.
1 7 4 3

La septième mineure est celle qui contient quatre secondes majeures et deux secondes mineures, ou quatre tons et deux demi-tons.

On trouve dans la gamme naturelle deux septièmes majeures et cinq septièmes mineures (voir le tableau ci-dessus).

Octaves. On trouve dans la gamme sept octaves qui peuvent résulter de chacune des sept notes. Toutes ces octaves sont égales et contiennent cinq secondes majeures et deux secondes mineures ou cinq tons et deux demi-tons. Seulement, si l'on ne fait usage de dièses ni de bémols, les demi-tons cessent d'être placés du troisième au quatrième degré et du septième au huitième.

Compléments ou renversements. Le *complément* d'un intervalle est ce qu'il faut ajouter à cet intervalle pour compléter une octave; ainsi :

Le complément d'une seconde est une 7ᵉ;
— tierce — 6ᵗᵉ;
— quarte — 5ᵗᵉ;
— quinte — 4ᵗᵉ;
— sixte — 3ᶜᵉ;
— septième — 2ᵈᵉ;

Si l'intervalle est majeur, son complément fournit un intervalle mineur et réciproquement, par renversement.

Soit la tierce majeure *ut mi*: son renversement a lieu par 6ᵗᵉ mineure.

Remarquons que la note grave *ut* de l'intervalle devient *note aiguë* du complément, et la note aiguë *mi* devient *note grave*. C'est ce qui a fait donner au complément le nom de renversement.

Gamme diatonique majeure. On appelle *gamme diatonique majeure* toute gamme, comme la gamme modèle *ut ré mi fá sol la si ut*, dans laquelle les deux demi-tons se trouvent placés du troisième au quatrième degré et du septième au huitième.

La gamme majeure constitue le ton ou mode majeur.

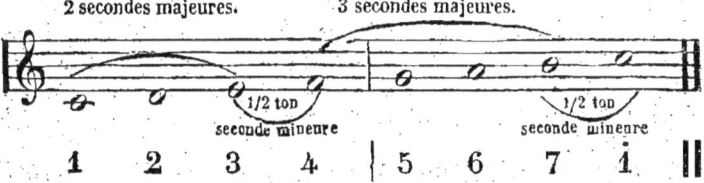

Dans cette gamme, la première tierce est majeure comme *ut mi*. La première sixte *ut la* est pareillement majeure.

Gamme diatonique mineure. La *gamme diatonique mineure* est celle dans laquelle le premier demi-ton est placé du deuxième au troisième degré.

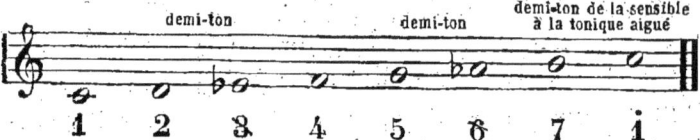

Dans cette gamme, la première tierce, comme *ut mi* ♭, et la première sixte, *ut la* ♭, sont mineures. L'intervalle *la* ♭ à *si* naturel forme une seconde appelée *maxime*, parce que cet intervalle, contenant un ton et demi, équivaut en vérité à une tierce mineure; le plus souvent dans le ton mineur, cette seconde est réduite à une seconde majeure, attendu que la note sensible n'est qu'accidentelle. Dans l'exemple d'*ut mineur*, le *si* dans ce cas serait bémolisé.

La gamme mineure constitue le ton ou mode mineur.

Gamme chromatique. On appelle *gamme chromatique* celle qui a lieu en produisant successivement les douze demi-tons de la gamme par intonation de demi-ton.

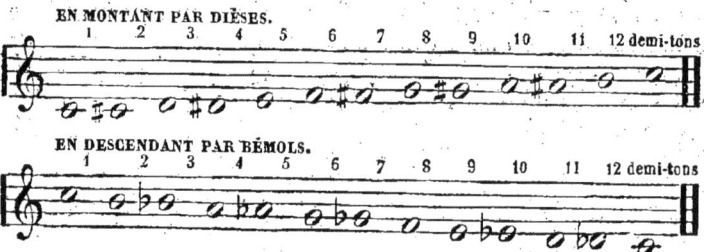

Remarque. La gamme majeure, la gamme mineure et la gamme chromatique contiennent donc chacune douze demi-tons diversement distribués. Il s'ensuit que c'est la position relative des tons ou des demi-tons qui constitue chacune de ces gammes.

Tons ou modes majeurs. La première note de la gamme s'appelle *tonique* : *ut* est la tonique du ton majeur de la gamme modèle. C'est le point de départ donnant le ton aux autres notes qui y sont subordonnées.

Le *sol*, qui forme avec la tonique une quinte majeure, s'appelle *dominante*, en ce que c'est le plus aigu des sons harmoniques *ut, mi, sol*.

Le *mi* étant placé entre l'*ut* et le *sol* est nommé note *médiante*.

Le *si* qui tend à se rapprocher de l'*ut* de l'octave et dont il fait parfois désirer et pressentir l'arrivée, a reçu le nom de note *sensible*.

La note *ré* est appelée sous-médiante.
La note *fa* est nommée sous-dominante.
La note *la* est appelée sous-sensible.

Puisque l'on nomme *gamme* un chant qui, comme la gamme modèle, fournit une succession d'intervalles composés de cinq tons et deux demi-tons disposés comme nous l'avons vu (pages 4 et 21), l'on peut admettre que toute note de la gamme modèle est susceptible de devenir tonique d'un ton majeur ou mineur, mais à la condition que la tonique étant donnée, il y aura dans la gamme nouvelle autant de tons et de demi-tons à leur place que dans la gamme modèle. Il deviendra donc nécessaire de faire subir à quelques-unes des notes qui se succéderont, les modifications de ton nécessaires pour que cette condition soit remplie.

Génération des tons majeurs par les dièses. On a pu remarquer que dans la gamme modèle majeure il y a deux parties qui se ressemblent parfaitement pour leurs intervalles; ce sont :

1º le groupe inférieur ou tétracorde, *ut ré mi fa*;
$$1\ 2\ 3\ 4$$

2º le groupe supérieur ou tétracorde, *sol la si ut*,
$$5\ 6\ 7\ 1$$

qui sont, chacun, formés de deux secondes majeures et d'une seconde mineure. C'est pourquoi, naturellement, on a été porté à faire une gamme commençant par le second groupe, c'est-à-dire ayant pour tonique *sol* qui est la *dominante* du ton d'*ut*, car ce groupe *sol la si ut* fournit sans embarras la moitié de la gamme. Ainsi l'on a eu *sol la si ut ré mi...*; mais de *mi* à *fa* en continuant il n'y a dans la gamme naturelle qu'un demi-ton; or, il faut qu'il y ait un ton pour qu'on obtienne dans la nouvelle gamme la 2ᵉ seconde majeure du 2ᵉ groupe *ré mi fa sol*; de plus, il faut que, la tonique étant *sol*, il n'y ait du *fa* sous-tonique, ou plutôt note sensible, à la tonique, que l'intervalle d'un demi-ton. On est parvenu à ce double résultat en haussant le *fa* d'un demi-ton en faisant *fa* ♯, et l'on a eu la gamme du ton de *sol* majeur qui a pour *dominante* la note *ré* formant une quinte majeure avec la tonique *sol*, dont la sensible est *fa* ♯.

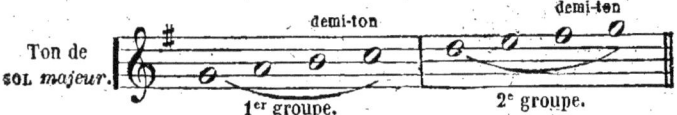

Ton de SOL *majeur*.

Par analogie, on a formé une gamme majeure nouvelle commençant sur le second groupe *ré mi fa* ♯ *sol* de la gamme de *sol*. La tonique de cette nouvelle gamme est *ré*, qui a pour dominante *la* et pour sensible *ut*, qu'on a dû dièser, et l'on a eu le ton de *ré* majeur.

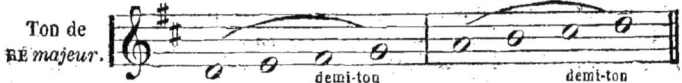

Ton de RÉ *majeur*.

C'est ainsi qu'à l'aide des dominantes prises pour toniques l'on passe successivement de la gamme en *ut* dans la gamme en *sol*; de la gamme en *sol* dans celle en *ré*; de celle en *ré* (qui a *la* pour dominante) en celle de *la*, etc. C'est là ce qui amène à la clef l'armure des *dièses posés de quinte en quinte en montant* à partir de *fa*.

Ton de LA *majeur* dominante MI. — 3 dièses
Ton de MI *majeur* dominante SI. — 4 dièses
Ton de SI *majeur* dominante FA ♯. — 5 dièses
Ton de FA ♯ *majeur* dominante UT ♯. — 6 dièses
Ton d'UT ♯ *majeur* dominante SOL ♯. — 7 dièses

Remarque. Toutes les toniques des tons majeurs avec des dièses à la clef sont placées immédiatement au-dessus du dernier dièse; c'est pourquoi il est très-facile de dire, à première vue, dans quel ton est composé un morceau de musique dont la clef est armée de dièses. Exemples : un dièse à la clef sur le barreau du *fa* indique le ton de *sol*, parce que *sol* est au-dessus du seul et dernier dièse; deux dièses à la clef indiquent le ton de *ré*, parce que *ré* est au-dessus du dernier dièse placé sur le barreau de l'*ut*. Il en est de même des autres tons.

Génération des tons majeurs par les bémols. Nous avons vu la génération des tons majeurs par les dièses; voyons maintenant celle des tons majeurs par les bémols. A cet effet, ayons encore sous les yeux les deux groupes ou tétracordes, en tout semblables, que fournit la gamme modèle :

1er groupe ou groupe inférieur : *ut ré mi fa*;
                                           1   2   3   4

2° groupe ou groupe supérieur : *sol la si ut*.
                                          5   6   7   1

Supposons qu'au lieu de prendre le second groupe pour *commencer* une gamme qui aurait pour tonique la dominante *sol*, comme cela vient d'avoir lieu dans ce qui précède, nous prenions, pour *finir* la gamme que nous voulons faire par analogie avec la gamme modèle, le groupe inférieur *ut ré mi fa*. L'*ut* tonique de la gamme modèle, dans cette supposition, deviendrait dominante de la gamme cherchée, puisqu'elle occuperait la place du *sol* de la gamme modèle, *ré* serait la sous-sensible, *mi* la sensible, *fa* la *tonique* octave. Or, si la tonique octave est *fa*, la gamme doit commencer par cette note de la manière suivante, mais à la condition de baisser d'un demi-ton le *si* pour que le groupe inférieur soit dans les conditions déjà dites, pages 4 et 21.

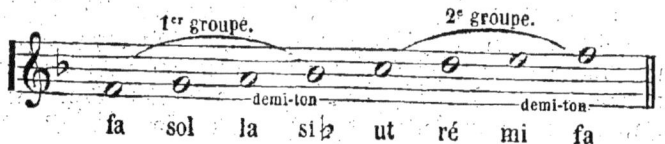

Cette gamme, qui renferme les cinq tons et les demi-tons disposés d'une manière pareille à ceux de la gamme modèle et qui a *fa* pour tonique, est la gamme de *fa majeur*.

Si, comme précédemment, nous prenons la tonique *fa* pour en faire la dominante d'une nouvelle gamme, cette gamme se terminera par le groupe inférieur ci-dessus, qui alors sera le deuxième groupe ou groupe supérieur de la gamme à former, et l'on aura la gamme

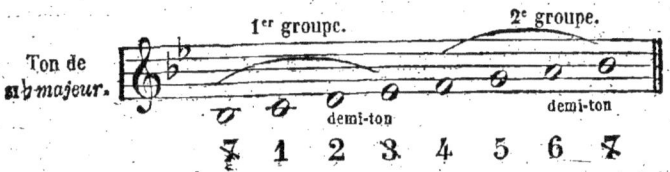

Cette gamme est la gamme de *si bémol majeur*.

C'est ainsi qu'à l'aide des toniques prises pour dominantes l'on passe successivement de la gamme en *ut* dans la gamme en *fa*, de la gamme en *fa* dans celle en *si* ♭; de celle en *si* ♭ dans celle en *mi* ♭, etc. C'est là ce qui amène à la clef l'armure des *bémols posés de quarte en quarte* en montant à partir de *si*.

Remarque. Toutes les toniques des tons majeurs avec des bémols à la clef sont placées à la quinte au-dessus ou à la quarte au-dessous du dernier ♭. C'est pourquoi il est très-facile de dire, à première vue, dans quel ton est composé un morceau de musique dont la clef est armée de bémols. Exemple : s'il y a trois bémols à la clef, le dernier est posé sur le *la*. La quinte au-dessus et la quarte au-dessous de cette note est le *mi* ♭, tonique de ce ton.

Tableau de la génération des tons majeurs.

TONS MAJEURS AVEC BÉMOLS.	1er Groupe.	2e Groupe.	TONS MAJEURS AVEC DIÈSES.
	ut ré mi fa	sol la si ut	
	1 2 3 4	5 6 7 1̇	
Fa avec ♭ 4 5 6 7 1̇ 2̇ 3̇ 4̇		5 6 7 1̇ 2̇ 3̇ 4̇ 5̇ Sol avec ♯	
Si♭ avec ♭♭ 7 1̇ 2̇ 3̇ 4 5 6 7		2 3 4 5 6 7 1̇ 2̇ Ré avec ♯♯	
Mi♭ 3 4 5 6 7 1̇ 2̇ 3̇ avec ♭♭♭		La avec ♯♯♯ 6 7 1̇ 2̇ 3̇ 4̇ 5̇ 6̇	
La♭ 6 7 1̇ 2̇ 3̇ 4̇ 5̇ 6̇ avec ♭♭♭♭			Mi avec ♯♯♯♯ 3 4 5 6 7 1̇ 2̇ 3̇

On peut compléter ce tableau par écrit, soit par la notation en portée, soit comme ci-dessus en chiffres.

Tons ou modes mineurs. On a appelé *gamme mineure*, *ton mineur*, *mode mineur*, une gamme qui comprend trois secondes majeures, trois secondes mineures et une seconde plus que majeure appelée *superflue* ou *maxime*, parce qu'elle renferme un ton et demi. Soit la gamme mineure qui suit :

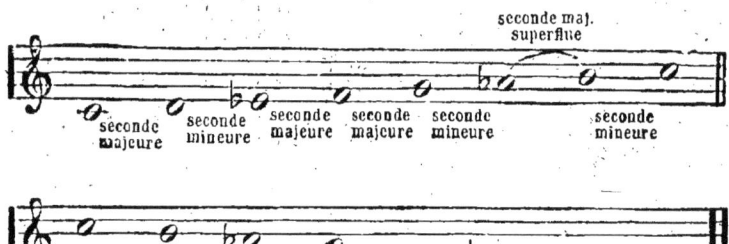

Remarquez que cette gamme diffère de la gamme majeure en deux points qui en font le caractère propre.

1° La première tierce *ut mi* ♭ est mineure ; 2° la première
$$13$$
sixte *ut la* ♭ est aussi une sixte mineure. La note, comme
$$16$$
mi, qui fait tierce, et la note, comme *la*, qui fait sixte avec la tonique grave *ut*, sont nommées les *modales* d'un ton, soit
$$1$$
majeur, soit mineur.

Règles générales. 1° Toutes les fois que les modales font des intervalles majeurs avec la tonique grave, le mode est majeur.

2° Toutes les fois que les modales font des intervalles mineurs avec la tonique grave, le mode est mineur.

Génération des tons mineurs ayant la même tonique que les tons majeurs. Toute note tonique de la gamme majeure peut être tonique d'un ton mineur, si les notes se suivent de manière que les conditions de la gamme mineure soient remplies, c'est-à-dire que la première tierce et la première sixte comptées de la tonique grave soient mineures (la sensible conservée). Or, ce fait peut s'accomplir facilement.

Il suffit, à cet effet, de baisser d'un demi-ton les deux modales. Cela s'opère dans les tons majeurs avec dièses par la suppression de deux dièses et dans les tons majeurs avec bémols par l'addition de deux bémols[1].

Si, à la gamme mineure, on ajoute deux dièses ou que l'on supprime deux bémols, cette gamme devient majeure.

Génération des tons mineurs relatifs des tons majeurs. On voit que le ton de *la* mineur se note sans dièse ni bémol et qu'il résulte de la gamme d'*ut* majeur d'où l'on a pris les notes *la si ut ré mi fa....*, qui sont communes aux deux gammes et qui fournissent les conditions de la gamme mineure.

C'est pourquoi l'on dit que *la* mineur est relatif de *ut* majeur. Comme, par analogie, tous les tons majeurs peuvent fournir à la tierce au-dessous de leur tonique, la tonique, la tierce et la sixte d'une gamme mineure, on admet que tout mode majeur a un ton mineur dit relatif dont la tonique est à une tierce mineure au-dessous de la tonique majeure.

1. Comme très-souvent l'on voit des gammes mineures où la note sensible n'apparaît qu'accidentellement, on dit qu'il faut supprimer trois dièses au lieu de deux ou ajouter trois bémols au lieu de deux.

Tons majeurs avec dièses.		Tons relatifs mineurs.
sol,	1 dièse à la clef,	mi.
ré,	2 dièses à la clef,	si.
la,	3 dièses à la clef,	fa ♯.
mi,	4 dièses à la clef,	ut ♯.
si,	5 dièses à la clef,	sol ♯.
fa ♯,	6 dièses à la clef,	ré ♯.
ut ♯,	7 dièses à la clef,	la ♯.

Tons majeurs avec bémols.		Tons relatifs mineurs.
fa,	1 bémol à la clef,	ré.
si ♭,	2 bémols à la clef,	sol.
mi ♭,	3 bémols à la clef,	ut.
la ♭,	4 bémols à la clef,	fa.
ré ♭,	5 bémols à la clef,	si ♭.
sol ♭,	6 bémols à la clef,	mi ♭.
ut ♭,	7 bémols à la clef,	la ♭.

Remarque. Il y a donc dans la musique des modes mineurs de mêmes toniques que les tons majeurs et des modes mineurs relatifs d'un ton majeur. Il ne faut pas confondre le mineur relatif avec le ton mineur de même base que le ton majeur. Ainsi *la* mineur est relatif d'*ut* majeur ; *ut* mineur, au contraire, est relatif de *mi* ♭ majeur. Ainsi des autres tons.

Comme les limites de cet opuscule ne nous permettent pas de nous étendre davantage à ce sujet, nous engageons le lecteur à méditer ces éléments et à les vérifier en écrivant ce que nous n'avons fait qu'indiquer.

Exécution.

L'exécution est la pratique des principes de la musique. En entrant en matière, il nous paraît convenable de dire quelques mots du diapason, cet instrument si utile pour régler l'exécution du chant.

On appelle *diapason* un petit instrument en acier dont les

deux branches, semblables à une petite pincette, sont susceptibles d'être mises en mouvement par un frottement heurté. Le diapason fournit, quand il est frappé, un son toujours le même et invariable, qu'on adopte pour le *la* de la gamme d'*ut* majeur[1]. C'est pourquoi si l'on veut chanter, au diapason, une gamme d'*ut* majeur ou un morceau en ce ton, on doit prendre à l'oreille le *la* de l'instrument et descendre, par la pensée, jusqu'à l'*ut* grave de l'octave ou se porter jusqu'au ton de la note qui commence le morceau.

De plus, le *la*, étant au moyen de cet instrument un son fixe, sert à donner pour tous les modes, soit en montant, soit en descendant, le son que l'auteur des morceaux à chanter a fixé pour tonique. Supposons un morceau composé dans le ton de *sol* majeur ou mineur ; pour l'exécuter on trouvera la tonique *sol* en descendant d'un ton au-dessous du *la* du diapason. Pour un morceau en *si* naturel majeur, on trouverait la tonique *si* en montant d'un ton au-dessus du *la* de l'instrument.

L'organe de la voix de l'homme est tellement parfait, qu'il peut prendre l'*ut* à une hauteur quelconque. De ce fait et de la similitude des gammes des différents tons, qui ne varient que par la différence de gravité comparative de leurs toniques prises parmi les sept notes, *ut, ré, mi, fa, sol, la, si*, il suit que : tout morceau de musique, quel qu'en soit le mode, majeur ou mineur, avec dièses ou bémols, peut être chanté par le secours du diapason dans le ton où il a été composé, tout en étant ramené pour la lecture à la gamme d'*ut* majeur, si le ton est majeur, et à la gamme de *la* mineur, si le ton est mineur.

Il suffit, à cet effet, d'écrire le morceau dans le ton d'*ut* majeur si le morceau est dans un mode majeur, ou dans le ton de *la* mineur si le morceau est dans un mode mineur, mais à la condition de donner à la tonique du morceau traduit par écrit le son de la tonique primitivement adoptée par l'auteur du morceau et en rapport avec le *la* du diapason.

Exemples : supposons 1° un morceau composé en *la* majeur (3 dièses à la clef), j'écris le morceau dans le ton d'*ut* majeur

---

[1]. Le gouvernement vient de nommer une commission chargée d'établir un diapason modèle, sur lequel seront à l'avenir construits ou accordés tous les instruments de musique.

et j'appelle *ut* le *la* tonique que me donne le diapason ; 2° un morceau en *mi*♭ majeur (3 bémols à la clef), j'écris le morceau dans le ton d'*ut* majeur et du *la* du diapason, je descends au *mi*♭ que je nomme *ut*. Je chante alors en *mi*♭ majeur par rapport au diapason.

Cette traduction d'un ton dans un autre que l'on opère par écrit ou à livre ouvert, quand on est exercé, s'appelle *transposition*.

Il faut remarquer que la transposition de tous les tons majeurs dans le ton d'*ut* majeur et de tous les tons mineurs dans celui de *la* mineur, qui s'opère toujours facilement par écrit, ne peut avoir lieu sans que dans certains modes on ne soit obligé de faire usage de lignes d'emprunt sur la portée. C'est pour éviter cet inconvénient que les clefs ont été inventées.

Cet inconvénient disparaît bien mieux encore au moyen de la notation par chiffres, dans laquelle les signes des sons se présentent toujours les mêmes, avec un point au-dessous pour les notes au-dessous de la tonique grave, et un point au-dessus pour les notes au-dessus de la tonique aiguë ou à l'octave.

L'exécution comprend la *lecture*, l'*intonation*, la *mesure*, la *transposition* et les *modulations*.

Lecture.

Les progrès dans l'étude de la musique sont difficiles, lents et souvent nuls, parce que le plus souvent on aborde à la fois trois choses qui vont simultanément sans doute, mais qui ont besoin d'être étudiées séparément si l'on veut que le succès couronne la peine et le temps consacrés. Avant de se livrer à l'étude de l'intonation des divers intervalles, il faut être suffisamment familiarisé avec la lecture, soit des notes sur la *portée*, soit des notes en chiffres.

Lecture de la notation par portée.

La lecture de la notation par portée n'offrirait qu'une faible difficulté si les notes de même nom occupaient toujours la même place sur l'échelle ; mais il n'en est pas ainsi, puisque leur place est différente si la clef change, et avec la même clef selon que le chant descend au-dessous de la tonique grave ou monte au-dessus de la tonique aiguë.

Exemple : *si*, noté sur la portée avec la clef de *sol*, occupe trois places différentes en deux octaves.

Il en est de même de toutes les autres notes. Il nous semble, et l'expérience nous l'a démontré, que, pour arriver à lire la musique sans embarras et avec succès sur la portée on doit suivre la marche suivante :

1° Borner d'abord la lecture aux notes écrites sur la portée avec la clef de sol, connaître parfaitement la lecture sur cette clef avant d'aborder la lecture sur la clef de *fa* ;

2° Se contenter de la connaissance de la clef de *sol*, si l'on n'a pas besoin d'être familiarisé avec la clef de *fa* : cette dernière clef convient aux voix de basse ou à certains instruments, tels que l'ophicléide, l'orgue, le piano, etc. ;

3° Pour la clef de *sol*, remarquer que :

L'*ut* grave étant sur un barreau noir,

les barreaux noirs *au-dessus* sont : *mi, sol, si, ré, fa,*
les barreaux noirs *au-dessous* sont : *la, fa, ré.*

Le *ré*, seconde note de la gamme, étant sur un barreau blanc,

les barreaux blancs *au-dessus* sont : *fa, la, ut, mi, sol, si.*
les barreaux blancs *au-dessous* sont : *si, sol.* Exemples :

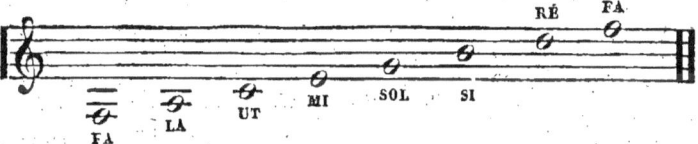

4° Pour la clef de *fa* (quatrième ligne), remarquer que l'UT grave étant sur un barreau blanc,

les barreaux blancs *au-dessus* sont : *mi, sol, si,*
les barreaux blancs *au-dessous* sont : *la, fa, ré.*

Le RÉ, seconde note de la gamme, étant sur un barreau noir, les barreaux noirs *au-dessus* sont : *fa, la, ut,*
les barreaux noirs *au-dessous* sont : *si, sol, mi.*

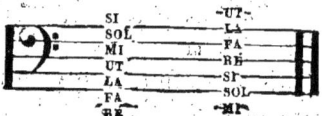

5° Admettre et retenir, d'après le 3° et le 4° ci-dessus, que

Le *sol au-dessus* de l'UT grave se trouve sur un barreau de même couleur que l'*ut*;

Le *sol au-dessous* de l'UT grave se trouve sur un barreau d'une autre couleur que l'*ut*.

Même remarque pour le *si*, note sensible.

L'*ut* grave est toujours sur un barreau d'une autre couleur que l'*ut* aigu, et réciproquement.

En général, une note à l'octave aigu est toujours sur un barreau d'une couleur autre que la même note à l'octave au-dessous. L'*ut* grave, le *sol* au-dessus et au-dessous, ainsi que l'*ut* aigu, sont comme des jalons qui servent à trouver plus facilement les autres notes.

6° Prendre ensuite le premier livre de musique venu, et sans autre soin que de lire, nommer les notes par leur nom en s'assurant bien qu'on ne s'est pas trompé. Lire plusieurs fois la même ligne.

Un moyen prompt et certain d'apprendre vite à lire la musique par portée, ce serait d'écrire sur la portée des exercices de musique chiffrée qui serviraient comme de dictée.

Lecture de la notation par chiffres.

Rien de plus simple que la lecture de la notation par chiffres. Soit d'abord la gamme :

ut ré mi fa sol la si   ut ré mi fa sol la si   ut ré mi fa sol la si

1 2 3 4 5 6 7   1 2 3 4 5 6 7   1 2 3 4 5 6 7

Gamme grave ou inférieure.   Gamme moyenne.   Gamme aiguë ou supérieure.

Rappelons-nous
Qu'un point au-dessous de la note indique que cette note est au-dessous de la tonique grave de la gamme moyenne ;
Qu'un point placé au-dessus de la note indique que cette note est au-dessus de la tonique aiguë de la gamme moyenne.

1er *Exercice*. Gamme moyenne.

1 2 3 4   1 2 4 2   3 4 1 4   2 3 1 4

3 1 2 4   1 3 1 2   4 3 4 3   4 5 6 5

2 4 5 5   2 3 1 1   5 5 3 4   6 5 7 1

2e *Exercice*. Gamme grave.

5 1 5 6   7 5 7 6   1 7 6 5   1 7 5 2

1 6 7 5   5 6 7 1   5 5 3 4   5 6 7 1

3e *Exercice*. Gamme aiguë.

5 1 2 1   3 4 2 3   1 5 4 3 2   4 2 3 1

7 1 5 5   4 4 2 2   7 1 1 1 5   6 4 2 1

4e *Exercice*. Combinaison des trois gammes.

5 5 6 6   4 2 7 5   1 3 5 1   7 2 1 4

4 3 2 5   7 7 6 2   1 3 5 3   1 3 5 1

5e *Exercice.*

Copier ces exercices sur la portée avec la clef de *sol*, en représentant chaque chiffre par une noire et séparer chaque groupe par un trait vertical.

6e *Exercice.*

Les copier pareillement sur la clef de *fa*. Enfin écrire plusieurs fois de suite celle des notes qu'on sait le moins bien lire.

Intonation.

L'intonation, avons-nous dit (page 2), est l'expression juste de chaque son musical.

Intonation de la gamme d'*ut* majeur.

La gamme d'*ut* majeur étant la gamme prototype, si l'on sait en chanter tous les intervalles avec justesse et fermeté, il devient facile d'aborder les gammes avec dièses ou bémols, puisque dans toute gamme, soit majeure, soit mineure, les intervalles sont les mêmes.

Pour procéder sûrement, on partage l'étude de la gamme; on en fait deux sections :

La 1re, *ut, ré, mi, fa, sol*;   la 2e, *sol, la, si, ut.*
      1   2   3   4   5   5   6   7   1

1re Section : Notes *ut ré mi fa sol.*
                     1 2 3 4 5

1er Exercice. Chantez en articulant bien :

1 2 3 4 5 | 1 2 3 4 5   1 | 1 1 2 2 3   1 3 | 1 2 3   3 4 |

1 2 3 4 5   1 5 | 1 2 3   1 3 | 3 4   3 4 | 1 2   2 4   2 4 |

3 4 5 1   5 | 1 3   1 4   1 5 | 1 2   2 3   3 4 | 5 2 5   1 |

2ᵉ Exercice. Contre-partie : Notes *sol fa mi ré ut*. Chantez :
5 4 3 2 1

54321 | 54321 5 | 5544 3322 11 5 |
54325 | 543 5 | 5432 5 | 543 53 |
543252 | 31 31 | 55 25 1 | 543 21 |

2ᵉ Section : Notes *sol la si ut*.
5 6 7 i

3ᵉ Exercice. Chantez :

567i | 567i5 | 55 66 77 | i 5 |
66 77 | i6 5 | 567 57 | 67i6 i | 56 7i |
i5 5i | 65 67 | ii i5 | i5 7 | 6576 7i |

4ᵉ Exercice. Contre-partie : Notes *ut si la sol*. Chantez :
i 7 6 5

i765 i | i776 i | 6i 76 | 5i 5i |
i7 76 | 77 i5 | 65 64 | 567 i |
555 i | i7 i7 | i5 i6 | 56 5i | 357i |

5ᵉ Exercice. Résumé. Chantez :

1234567i | i7653421 | i 1 | 12 12 |
1231 | 3123 | 4i421 | 12351 | 5 567 |
5 767 | i 345 | 25 25 | 13 13 | 14 15 |
777i | i7 i7 | 6i 6i | i765 | 756i |

Musique.

6ᵉ Exercice. Résumé. Chantez :

123 13 | 234 24 | 345 35 | 4567 57 |

67i̇ 6i̇ | i̇765i̇6 | 765 75 | 654 64 |

54353 | 54324 | 24321 | 3134567i̇ |

Copiez ces exercices sur la portée avec une noire par chaque note, sans vous préoccuper pour le moment de la mesure. Chantez-les souvent et composez-en vous-même pour vous apprendre à franchir les intervalles qui peuvent vous embarrasser. Cette copie se fera à la clef de *sol*, puis à la clef de *fa*.

Intonation de la gamme de *la* mineur.

La gamme mineure qui a pour modèle celle de *la* mineur peut aussi être décomposée en deux sections : *la, si, ut, ré, mi ; mi, fa, sol, la,* et donner lieu à des exercices que chacun peut préparer lui-même pour s'exercer aux intonations des modes mineurs.

1ʳᵉ Section : Notes *la si ut ré mi*.
6 7 1 2 3

1ᵉʳ Exercice. Chantez :

1̇76 | 671 23 21 | 76 36 | 67123 |

3217̇6 | 32176̇36 | 6176̇ | 712 321 |

721 763 | 61 72 17 | 232 173 | 36 |

2ᵉ Section : Notes *la sol fa mi*.
6 5 4 3

2ᵉ Exercice. Chantez :

i̇76 6543 343 36 | 6543 43 6 |

6 43 6 36 | 4353 4636543 636

3ᵉ Exercice. Notes *la sol* ♯ *fa mi.* Chantez :
                          6 ♯5   4 3

6♯56   6♯643   34 6♯6   36♯43   3436♯43

4♯3   6♯6   63♯6♯43   ♯6♯   33♯6

Le *sol* dièse, par rapport au *la*, doit produire un son pareil à celui du *si* par rapport à l'*ut*, puisque ces deux intervalles ne sont que d'un demi-ton. Pour apprendre à faire le *sol*♯, on chante plusieurs fois 171, puis on chante les mêmes sons en disant *la, sol*♯*, la*. Le *sol*♯ ou ♯5 (le chiffre d'une note diésée est marqué d'un petit trait montant) ne doit jamais être produit sans que par la pensée il ne soit placé entre deux *la* : 6♯56. De même le *fa* 4 ne doit jamais être produit sans que par la pensée il ne soit placé entre deux *mi* 3, de cette manière 343. Ces deux remarques sont importantes et nous préparent à l'intonation des dièses et des bémols qui se peuvent rencontrer.

Intonation des dièses et des bémols.

Le dièse servant à hausser une note d'un demi-ton, il s'ensuit qu'une note diésée doit produire avec la note qui lui est supérieure le même ton que celui du *si* avec l'*ut*. Par conséquent, les sons UT, SI, UT peuvent apprendre à faire les dièses.

On doit placer, par la pensée, *avant* et *après* le *dièse* à chanter la note supérieure qui sert à mesurer l'intervalle.

ut, si, ut, 1 7̣ 1	*ré, ut*♯*, re,*	2 ♯1 2
——— 1 7̣ 1	*mi, ré*♯*, mi,*	3 ♯2 3
——— 1 7̣ 1	*sol, fa*♯*, sol,*	5 ♯4 5
——— 1 7̣ 1	*la, sol*♯*, la,*	6 ♯5 6
——— 1 7̣ 1	*si, la*♯*, si,*	7 ♯6 7
——— 1 7̣ 1	*fa*♯*, mi*♯*, fa*♯*,*	♯4 ♯3 ♯4
——— 1 7̣ 1	*ut*♯*, si*♯*, ut*♯*,*	♯1 ♯7 ♯1

Remarque. Mi ♯ et si ♯ ne sont autres que le *fa* naturel et l'*ut* naturel, puisque le *mi* ♯ est le *mi* haussé d'un demi-ton et que le *si* ♯ est le *si* haussé d'un demi-ton; c'est pourquoi l'intervalle de *fa* naturel à *mi* ♯ et de *ut* naturel à *si* ♯ ne peut exister.

Le bémol servant à baisser une note d'un demi-ton, il s'ensuit qu'une note bémolisée doit produire avec la note qui lui est inférieure le même ton que celui du *fa* avec le *mi*. Par conséquent, les tons MI, FA, MI peuvent apprendre à faire les bémols.

On doit placer, par la pensée, *avant* et *après* le *bémol* à chanter la note inférieure qui sert à mesurer l'intervalle.

mi, fa, mi, 3 4 3	ut, ré♭, ut,	1 2 1
—— 3 4 3	ré, mi♭, ré,	2 3 2
—— 3 4 3	fa, sol♭, fa,	4 5 4
—— 3 4 3	sol, la♭, sol,	5 6 5
—— 3 4 3	la, si♭, la,	6 7 6
—— 3 4 3	si♭, ut♭, si♭,	7 1 7
—— 3 4 3	mi♭, fa♭, mi♭,	3 4 3

Remarque. UT♭ et FA♭ ne sont autres que le *si* naturel et le *mi* naturel, puisque l'*ut* ♭ est l'*ut* baissé d'un demi-ton et que le *fa* bémol est le *fa* baissé d'un demi-ton; c'est pourquoi l'intervalle de *si* naturel à *ut*♭ et de *mi* naturel à *fa*♭ ne peut exister.

De la définition de la gamme et des intervalles qu'elle contient, ainsi que de la définition du dièse et du bémol, on doit en pratique conclure qu'une note double dièse équivaut à la note supérieure qui fait avec la note double dièse un intervalle d'un demi-ton; qu'une note double bémol équivaut à la note inférieure qui fait avec la note double bémol un intervalle d'un demi-ton.

Ainsi *ut* ♯♯ double dièse est un *ré* naturel;

si ♭♭ double bémol est un *la* naturel.

1ᵉʳ Exercice. Dièses en montant et descendant la gamme. Chantez :

1 2♯2 3♯3 4♯4 5♯5 6♯6 7♯7 1̇ 1̇ 7♯7
6♯6 5♯5 4♯4 3♯3 2♯2 1♯1

Répétez plusieurs fois. Composez vous-même des exercices.

2ᵉ Exercice. Bémols. Chantez :

1♭1 2♭2 3♭3 4♭4 5♭5 6♭6 7♭7 1̇ 1̇ 7♭7
6♭6 5♭5 4♭4 3♭3 2♭2 1♭1

Répétez plusieurs fois. Composez vous-même des exercices.

3ᵉ Exercice. Dièses et Bémols alternatifs. Chantez :

1♭1 2♯2♭2 3♯2343 4345♭4 5♯56♭5 6♭67♭6
76♯7 1̇ 7♯767 67♭656 5♭545 4♭5434
34323 232♯2 1 21

Répétez plusieurs fois. Composez vous-même des exercices.

Copier les exercices sur la portée comme précédemment et les chanter de nouveau.

Exécution de la mesure.

Pour exécuter la mesure soit à deux, soit à trois temps, il faut avant de chanter les notes écrites, soit sur la portée, soit en chiffres, s'exercer à diviser les temps d'une manière exacte. Par exemple, pour la mesure à 2 temps, on frappera en disant *un* et on lèvera en disant *deux*, puis on recommencera un, deux; un, deux....., plu-
frappez, levez; frappez, levez

sieurs fois de suite, tantôt lentement, tantôt plus vite, mais toujours en tâchant de mettre de l'égalité entre les

temps. Lorsqu'on sera parvenu à égaliser les temps, qu'on aura le sentiment de leur égalité, on dira : un, deux; levez; frappez, levez.
un, deux; un, deux; un, deux,..., plusieurs fois de suite. Enfin, l'on dira . un, deux, trois, quatre; levez.
une, deux, trois, quatre.... Le tout jusqu'à ce que l'habitude soit acquise de donner, dans le premier cas, une unité à chaque temps; dans le second, deux demi-unités à chaque temps; dans le troisième cas, quatre quarts d'unité à chaque temps. On pratiquera les mêmes exercices pour les mesures à trois et à quatre temps; on agira semblablement pour la mesure à $\frac{6}{8}$, que l'on divisera en deux temps, de chacun trois notes :

Frappez. Levez.
une, deux, trois; une, deux, trois.

De plus, avant d'aborder l'exécution d'un chant en mesure, on fera en sorte que ni la lecture ni l'intonation ne puissent aucunement embarrasser. Il faut, quand on veut exécuter un morceau en mesure, n'être d'aucune manière arrêté, empêché par la lecture et par l'intonation, deux difficultés qui entravent beaucoup l'exécutant. Si ces difficultés viennent se joindre à celles que la mesure présente, on perd son temps, sa patience; l'on se dégoûte ou l'on se fait une habitude d'*à peu près* : l'on est nul en musique, *car il n'y a pas de musique sans la mesure.*

Exercices sur la mesure.

1er *Exercice* :
Mesure
à deux temps $\frac{2}{4}$.

Traduction en chiffres :   1   1 1 | 3   3 3 | 3   1 3 | 1 3 2 |

Observation importante. En exécutant ce qui a été dit précédemment sur la *lecture*, l'*intonation* et la *mesure*, on peut étudier la musique dans un livre de musique quelconque en décomposant les temps de sang-froid, en ne passant pas à une mesure suivante sans être sûr de bien sentir et de bien exécuter celle qui précède, en observant les silences, comptant au besoin un demi-soupir comme un soupir, la croche comme une noire, et en donnant, après étude faite, le mouvement, la vie, le sentiment au morceau. En quatre mots, lire, chanter, sentir, rendre. Avec ces principes, tout morceau de musique est un solfège.

Transposition.

La transposition est un changement par lequel on fait passer un morceau de musique d'un ton à un autre sans aucune altération de la mélodie.

Il y a plusieurs sortes de transpositions :

1° *Transposer en ton d'*ut *tous les tons majeurs.*

1re *Règle générale.* Pour transposer en ton d'*ut* les tons majeurs, appelez *ut* la tonique de chaque ton à transposer, et faites que tous les intervalles de la transposition se rapportent exactement à ceux du morceau transposé ; puis, pour l'exécution du chant, prenez au diapason la tonique du ton majeur transposé, soit au-dessous, soit au-dessus du LA de l'instrument, et appelez-la *ut*.

Tons majeurs avec dièses à transposer.

Prenez au diapason le *sol* et appelez-le *ut*.

Sol majeur.

5 7 2̇ 5̇ 4̇ 5̇ | 5 6 7 1̇ 2̇ 3̇ 4̇ 5̇
1 3 5 1̇ 7 1̇ | 1 2 3 4 5 6 7 1̇

Prenez au diapason le *ré* et appelez-le *ut*.

Ré majeur.

2 4̇ 6 2̇ 1̇ 2̇ | 2 3 4̇ 5 6 7 1̇ 2̇
1 3 5 1̇ 7 1̇ | 1 2 3 4 5 6 7 1̇

Prenez au diapason le *la* et appelez-le *ut*.

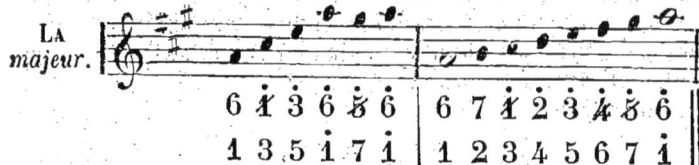

LA majeur.

6 1̇ 3 6̇ 5̇ 6 | 6 7 1̇ 2̇ 3̇ 4̇ 5̇ 6̇
1 3 5 1̇ 7 1̇ | 1 2 3 4 5 6 7 1̇

Prenez au diapason le *mi* et appelez-le *ut*.

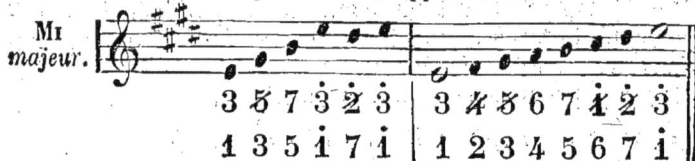

MI majeur.

3 5̇ 7 3̇ 2̇ 3̇ | 3 4̇ 5̇ 6 7 1̇ 2̇ 3̇
1 3 5 1̇ 7 1̇ | 1 2 3 4 5 6 7 1̇

Prenez au diapason le *si* et appelez-le *ut*.

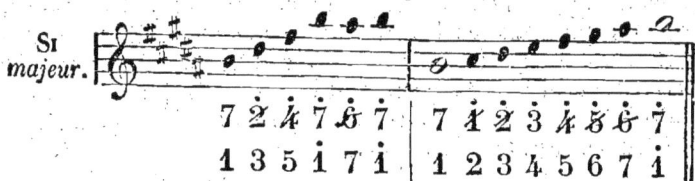

SI majeur.

7 2̇ 4̇ 7̇ 6̇ 7̇ | 7 1̇ 2̇ 3 4̇ 5̇ 6̇ 7̇
1 3 5 1̇ 7 1̇ | 1 2 3 4 5 6 7 1̇

Prenez au diapason le *fa* ♯ et appelez-le *ut*.

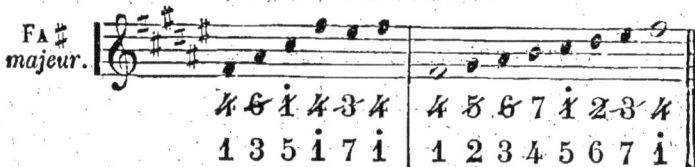

FA ♯ majeur.

4̇ 6̇ 1̇ 4̇ 3̇ 4̇ | 4̇ 5̇ 6̇ 7 1̇ 2̇ 3̇ 4̇
1 3 5 1̇ 7 1̇ | 1 2 3 4 5 6 7 1̇

Tons majeurs avec bémols à transposer.

Pour les tons majeurs avec ♭ à transposer, observez la règle générale ci-dessus exposée p. 45. — Même usage du diapason.

FA majeur.

4 6 1̇ 4̇ 3̇ 4̇ | 4 5 6 7̇ 1̇ 2̇ 3̇ 4̇
1 3 5 1̇ 7 1̇ | 1 2 3 4 5 6 7 1̇

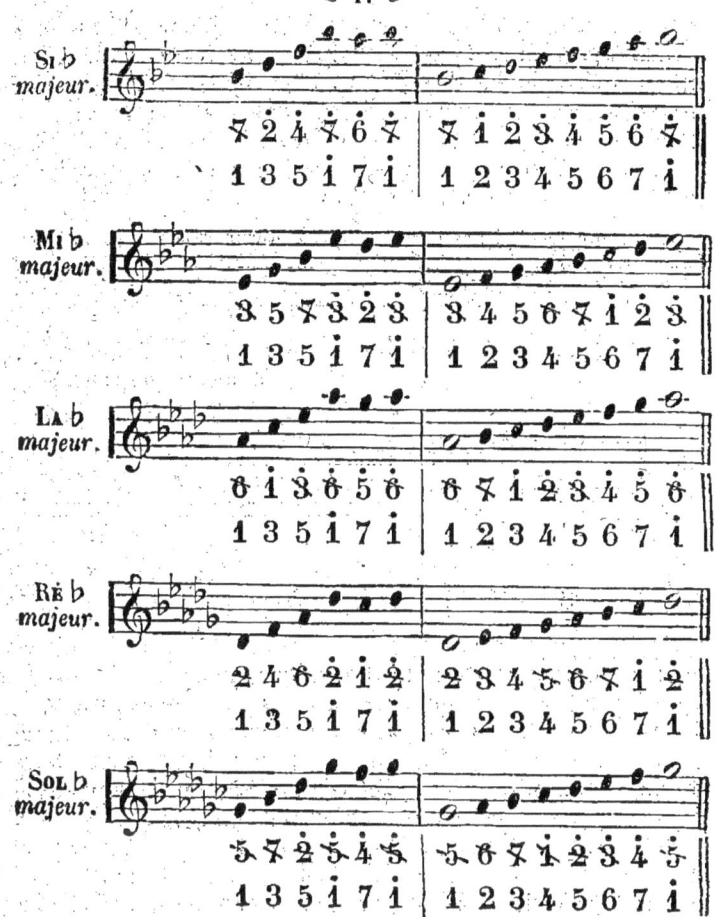

2º *Transposer en ton de la* mineur relatif *d'*ut majeur *tous les tons mineurs.*

Remarquons d'abord que les gammes mineures n'ont point d'armure particulière à la clef; elles portent toujours à la clef les dièses et les bémols de leur majeur relatif. Leur tonique, comme nous l'avons déjà vu (page 29), est une tierce mineure au-dessous de la tonique du majeur relatif. Souvent l'on rencontre dans le mode mineur la sensible mineure qui précède la tonique. Cela fait que les gammes mineures avec dièses ont un dièse de plus, et celles avec bémols un bémol de moins[1]; c'est pourquoi, lorsque cette sensible mineure se rencontre, on la fait précéder d'un signe accidentel d'élévation, afin qu'on ne puisse croire qu'on rencontre une dominante du ton majeur. Exemples :

2e *Règle générale.* Pour transposer en ton de *la* mineur tout ton mineur relatif d'un ton majeur, appelez *la* la tonique de chaque ton à transposer, et faites que tous les intervalles de la transposition se rapportent exactement à ceux du morceau transposé; pour l'exécution, prenez au diapason la tonique du ton mineur et appelez-la LA, comme on le peut voir dans les gammes ci-dessus de *si* et d'*ut* mineurs.

Observation générale. Lorsque vous transposez, en nommant UT la tonique, vous devez faire un dièse là où le bécarre anéantit un bémol de la clef, et vous devez faire un bémol là où il anéantit l'effet d'un dièse.

3° *Transposer un morceau d'un ton quelconque dans un autre ton.*

Dans le chant qui est accompagné d'instruments, il arrive parfois qu'un morceau est composé sur une note de la gamme trop basse ou trop haute pour que les voix puissent s'arranger de l'intonation donnée par les instruments. C'est

[1]: *Sol* naturel mineur prend le *fa* dièse pour sensible mineure.

pourquoi l'on transpose ce morceau de musique. A cet effet, l'on élève ou l'on abaisse la tonique et toutes les notes d'un ou plusieurs degrés, selon le ton que l'on a choisi. Mais comme l'ordre des sons ne se trouve pas disposé sur les toniques comme il devrait l'être pour former un mode majeur ou mineur, on corrige les différences par le moyen des dièses ou des bémols dont on arme la clef (voy. p. 23). Par ce procédé l'on transporte les deux demi-tons de la place où ils étaient à celle où ils doivent être pour le mode ou le ton dont il s'agit, et s'il y a des accidents, dièses ou bémols, on en tient compte, afin que les intervalles se retrouvent les mêmes dans le morceau transposé. Tout cela ne fait rien pour les voix ; car, en appelant toujours *ut* la tonique du mode majeur et *la* celle du mode mineur, elles suivent toutes les affections du mode, sans que le chanteur éprouve d'embarras, tout en tenant compte aussi des ♯ et ♭ accidentels.

Transposition d'une même phrase en différents tons.

Musique.

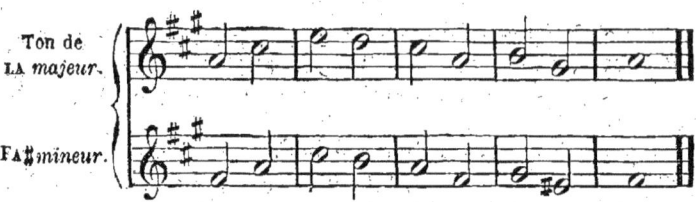

Remarque. Il peut exister dans la musique douze tons majeurs écrits avec dièses, douze tons majeurs écrits avec bémols et douze tons mineurs relatifs, en tout vingt-quatre. C'est un large champ ouvert à la transposition; nous nous bornons donc à donner les exemples ci-dessus de transposition, engageant notre lecteur à transposer cette petite phrase sur tous les tons fournis par 3 4 5, etc., jusqu'à douze dièses et douze bémols. Cela lui apprendra jusqu'à quel nombre la pratique doit limiter, dans la transposition, l'usage des dièses et des bémols. Avec huit dièses, par exemple, on rentre dans un ton équivalent à celui qui est écrit avec quatre bémols; avec huit bémols, on rentre dans un ton équivalent à celui qui est écrit avec quatre dièses, et finalement on revient au ton d'*ut* naturel.

Modulations.

Le mode est produit par l'harmonie, puisqu'il résulte de la différence de la première tierce harmonique avec une tonique grave. C'est pourquoi, avant de parler des modulations, nous croyons indispensable d'exposer le tableau des principaux accords d'où résulte l'harmonie.

Accords parfaits.

L'accord parfait constitue le ton, et ne se fait que sur la tonique: sa tierce peut être majeure ou mineure, et c'est elle qui constitue le mode.

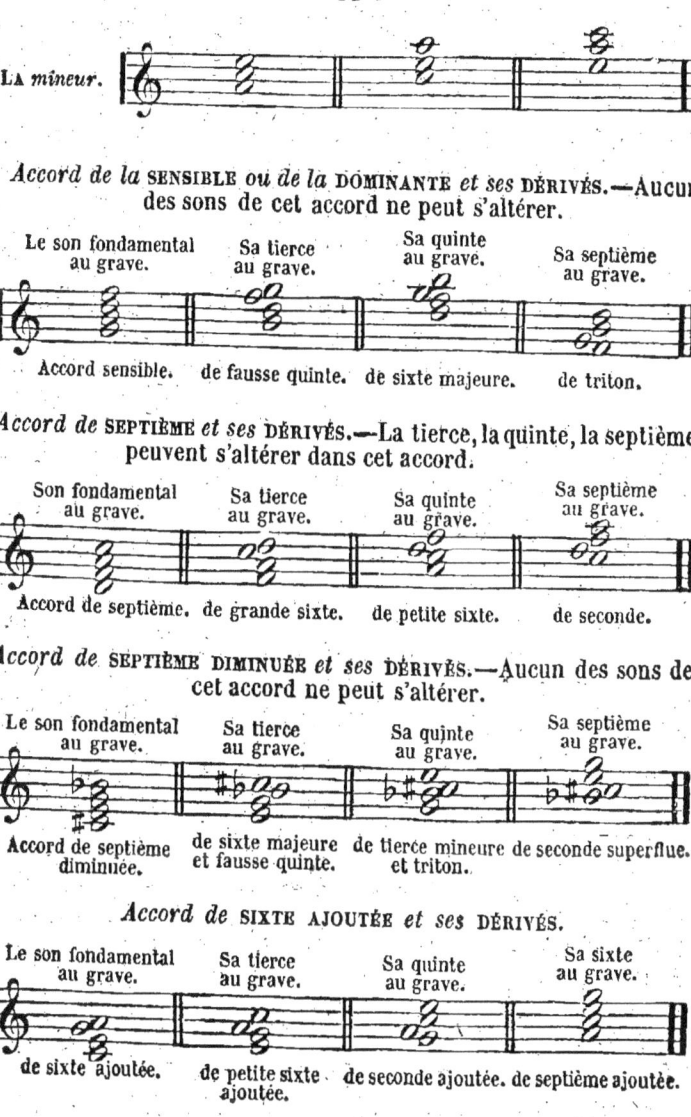

Les modulations sont, strictement parlant, les manières

d'établir et de traiter le mode, soit majeur, soit mineur. Mais on peut dire que la modulation est l'art de conduire le chant et l'harmonie successivement dans un ou plusieurs modes d'une manière agréable à l'oreille et conforme aux règles. Cependant, communément, les compositeurs, sans changer de mode, font porter la tonalité sur une autre note que la tonique du morceau : c'est pourquoi la modulation peut avoir lieu en changeant de *mode* sans changer de tonique, par exemple d'*ut* majeur en *ut* mineur ; en changeant de *tonique* sans changer de mode, par exemple d'*ut majeur* en *sol* majeur ou en *fa* majeur ; enfin en changeant de mode et de tonique, par exemple d'*ut majeur* en *la* mineur.

Cela posé, voyons quelles sont les modulations que l'oreille accepte le plus volontiers en partant d'un ton majeur ou mineur. On ne peut nier que ce sont celles qui ont le plus d'analogie avec celles du ton que l'on quitte, soit par les notes communes, soit par la tonique identique.

C'est pourquoi, en partant, par exemple, d'*ut* majeur :
1° on peut moduler sur le *sol*, parce que le *sol*, dominante du ton d'*ut* majeur, qui fait accord parfait avec *ut* tonique, fait aussi partie du sien propre, dont il est le son fondamental, et que, par conséquent, il y a liaison entre les deux accords, liaison qui est d'autant plus simple, que la première partie du ton de *sol* (*sol, la, si, ut*) est commune au ton d'*ut* et que le ton de *sol* devient complet par la seule addition d'un ♯ au *fa* ;

2° On peut moduler sur le *fa* sous-dominante, parce que, dans l'accord parfait du ton de *fa* (*fa, la, ut*), l'*ut* entre comme dominante, et que la quinte *ut sol*, que la dominante fait à l'aigu avec cette tonique *ut*, la sous-dominante *fa* la fait au grave (*fa, ut*) : la liaison entre le ton de *fa* et le ton d'*ut* est d'autant plus simple, que la deuxième partie de la gamme de *fa* (*ut, ré, mi, fa*) est commune au ton d'*ut* et que, si l'on donne un ♭ à la note sensible *si*, toutes les notes du ton d'*ut* serviront au ton de *fa* ;

3° On peut moduler dans le ton d'*ut mineur*, qui a la même tonique qu'*ut* majeur, d'où l'analogie est évidente ;

4° On peut moduler en *la* mineur relatif d'*ut* majeur.

Tout ce que nous venons d'exposer pour les modulations

d'*ut* majeur, étant généralisé, peut s'appliquer à tout mode majeur : d'où le double principe général établi sur les analogies.

En partant d'un ton *majeur*, on peut moduler :

    1º *à la dominante;*
    2º à la sous-dominante ;
    3º au mineur même base ;
    4º au mineur relatif.

En partant d'un ton mineur, on peut moduler :

    1º au majeur même base ;
    2º au majeur relatif.

Soit, par exemple, *la mineur* : son majeur même base est *la majeur*, qui est écrit avec trois ♯ ; son majeur relatif est *ut majeur*.

Ces modulations premières sont appelées immédiates ; elles permettent de passer, par les mêmes règles, dans des tons plus éloignés. C'est ainsi que du ton de *sol* majeur on peut entrer dans le ton de *ré* majeur, dont cette note est la dominante, et du ton de *fa* majeur dans celui de *si* ♭ majeur, dont cette dernière note est la sous-dominante (*Voyez* Tableau de la génération des tons, page 24). Par les mêmes voies, on doit revenir au ton principal, qu'il ne faut jamais perdre de vue. Mais il ne suffit pas de connaître les routes à suivre : il faut savoir aussi comment on y entre. Il suffit dans la mélodie, pour annoncer la modulation qu'on choisit, de faire entendre les altérations qu'elle produit dans les sons du ton d'où l'on sort pour les rendre propres au ton où l'on entre. Si l'on est en *ut* majeur, il ne faut que faire sonner un *fa* ♯ pour annoncer le ton de *sol* de la dominante, ou un *si* ♭ pour annoncer le ton de *fa* de la sous-dominante. Parcourez ensuite les sons fondamentaux du ton où vous entrez, et votre modulation sera toujours régulière. Dans l'harmonie, il faut que le changement de ton se fasse en même temps dans toutes les parties. On ne peut guère former entre deux parties plusieurs quintes justes de suite, sans moduler en deux tons différents. Tout morceau doit finir par la tonique du ton principal.

PLAIN-CHANT OU CHANT SACRÉ.

Le *plain-chant* est le chant admis dans l'Église catholique pour la célébration des offices religieux.

C'est pourquoi on l'appelle aussi *chant religieux, chant sacré, chant liturgique*.

Saint Ambroise, archevêque de Milan, mort en 397, fut, à ce qu'on prétend, l'inventeur du *plain-chant*, c'est-à-dire que, le premier, il donna une forme et des règles au chant ecclésiastique pour l'approprier mieux à son pieux objet et le garantir de la barbarie où, de son temps, tombait la musique; il lui donna, dit-on, la notation alphabétique des Grecs. Saint Grégoire Ier, pape, mort en 604, le perfectionna, tout en employant la notation de l'alphabet romain avec des signes particuliers, appelés *neumes,* qui marquaient les groupes de notes montantes ou descendantes; il lui donna le caractère, qu'au dire de plusieurs, il conserve encore aujourd'hui dans l'Église. Voilà pourquoi le plain-chant est appelé *chant grégorien*.

De la notation. On appelle ainsi la manière d'écrire les signes des sons du plain-chant.

Vers l'an 1028, un moine bénédictin, nommé Guy d'Arezzo, composa une gamme où entrèrent les syllabes *ut, ré, mi, fa, sol, la*[1], et généralisa l'usage déjà introduit d'écrire la notation par *lettres, neumes,* groupes de *points,* ou par lesdites syllabes en regard des lettres sur des *lignes* de diverses couleurs, jaune et rouge, afin, dit-il, que l'œil distingue promptement, par la position de la note, quel en est le son[2]; mais ce fut seulement au douzième siècle que, pour écrire les notes ou signes des sons, on fit usage de quatre lignes parallèles appelées depuis *échelle* ou *portée*.

---

1. On croit que Guy d'Arezzo connut le *si;* mais ce qu'il y a de certain, c'est que sa gamme, il la complétait ainsi au naturel ou bécarre :
ut, ré, mi, fa, sol, la, MI, FA;
en *bémol* : *ut, ré, mi, fa, sol,* MI, FA, SOL.

2. *Ut quo loco, qui sit sonus, mox discernat oculus.*

De la portée. On appelle ainsi quatre lignes noires parallèles séparées par trois bandes blanches égales.

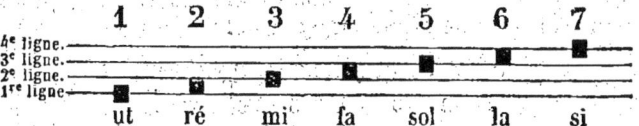

Ces quatre lignes, avec les trois barreaux blancs, suffisent dans le plain-chant ; car, quoique l'étendue de chaque classe de voix soit de onze ou douze degrés de l'échelle des sons, le plain-chant n'en parcourt *ordinairement* que neuf. Or, quatre barreaux noirs, trois blancs et deux espaces, l'un au-dessous, l'autre au-dessus de la portée, font les neuf degrés dont nous parlons. Cependant quelquefois, dans certain morceaux, le chant dépasse les quatre lignes de la portée, soit en bas, soit en haut : alors on emploie des lignes supplémentaires à la portée pour y placer les notes *surabondantes*.

De la gamme. La gamme du plain-chant est la même que celle de la musique et se compose pareillement de sept sons formant sept degrés, qui sont nommés *ut*, *ré*, *mi*, *fa*, *sol la*, *si* (voyez la gamme en musique et les intervalles, page 17).

La première note de la gamme s'appelle la *tonique*, la deuxième *sus-tonique*, la troisième *médiante*, la quatrième *sous-dominante*, la cinquième DOMINANTE, la sixième *sus-dominante*, la septième *sensible*. En ajoutant au *si* la tonique *ut*, on a la gamme-octave. La tonique de départ s'appelle *tonique grave* et la tonique au-dessus du *si* est la *tonique aiguë*.

Des notes. Les sons de la gamme dans le plain-chant sont représentés par des notes ou *points carrés* ■, ou en *lozange* ♦, ou *rhomboïdes* ◈ ; qu'on écrit sur les barreaux noirs ou blancs de la portée. Ces dernières ne figurent aujourd'hui que dans les vieux antiphoniers, dans les groupes de notes qui se suivent en descendant et sur une même syllabe. Exemple :

On peut aussi représenter les notes de la gamme du plain-chant par des chiffres, dont la numération ascendante ou descendante tient lieu de l'échelle ou portée. Cette première gamme est appelée gamme moyenne :

ut, ré, mi, fa, sol, la, si, ut.
1   2   3   4   5   6   7   1

Si la gamme descend au-dessous de l'*ut* grave de la gamme moyenne, comme

ut, si, la, sol,
1   7   6   5

on se sert des mêmes chiffres, mais on les pointe en dessous, et l'on a la gamme *grave*.

Pour l'*ut* aigu de la gamme moyenne et les notes suivantes au-dessus, on se sert encore des mêmes chiffres, mais pointés au-dessus, et l'on a la gamme *aiguë* :

ut, ré, mi, fa, sol.
1   2   3   4   5

Gamme grave.	Gamme moyenne.	Gamme aiguë.
sol, la, si,	*ut, ré, mi, fa, sol, la, si,*	*ut, ré, mi, fa, sol.*
5 6 7	1 2 3 4 5 6 7	1 2 3 4 5

La gamme ci-dessus, pareille en tout à la gamme modèle d'*ut* naturel de la musique, comprend cinq tons et deux demi-tons.

Les cinq tons sont : de *ut* à *ré*   1 ton.
de *ré* à *mi*   1 ton.
de *fa* à *sol*   1 ton.
de *sol* à *la*   1 ton.
de *la* à *si*   1 ton.
                                          5 tons.

Les demi-tons sont : de *mi* à *fa*   1 demi-ton.
de *si* à *ut*   1 demi-ton.

Dans la gamme cinq tons et 2 demi-tons.

Les demi-tons de cette gamme sont placés du troisième au quatrième degré et du septième au huitième. Cet ensemble, dans lequel les huit notes se suivent par degrés conjoints, s'appelle gamme diatonique.

Des clefs et du guidon. Pour faciliter l'exécution des différents caractères ou modes du plain-chant, dont l'étendue varie selon chacun d'eux, on inventa des signes pour fixer une note de départ sur la portée. Ce signe s'appelle clef. La clef est donc une figure qui, en basant une note sur une ligne quelconque de la portée, fait que les autres notes y sont subordonnées.

Il y a dans le plain-chant deux formes de clefs : la première est appelée clef d'*ut*; la seconde est dite clef de *fa*.

La clef d'*ut* se pose sur chacun des barreaux noirs et porte alors le nom du barreau qu'elle occupe.

La clef de *fa* se pose sur la deuxième et sur la troisième ligne.

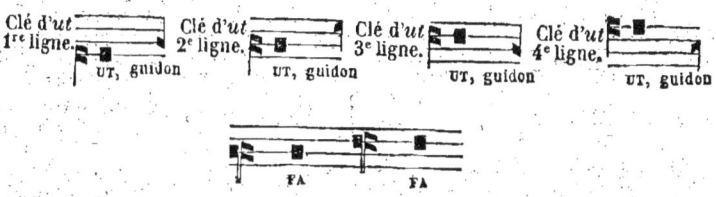

La clef d'*ut* première ligne est peu usitée, si ce n'est pour la voix des enfants dans le plain-chant en harmonie. La clef de *fa* deuxième ligne est également peu usitée hors du chant romain; elle correspond à la clef d'*ut* quatrième ligne. Cependant, pour la transposition et pour l'exécution du plain-chant romain, la connaissance de toutes les clefs est fort utile. — On appelle *guidon* une petite note à queue qui se met à la fin d'une ligne de plain-chant, comme on le voit aux exemples ci-dessus de clefs d'*ut*, pour faire connaître à l'avance la première note de la ligne qui va suivre. Le guidon sert encore, dans la liturgie romaine surtout, à indiquer, quand la clef change au milieu d'une portée, le nom de la note qui suit immédiatement la clef introduite.

Le changement de clef a lieu pour éviter l'emploi des notes surabondantes lorsqu'elles sont en trop grand nombre.

En général, on doit admettre ce principe double et facile à retenir sur l'usage des clefs : 1° une clef *haussée* fournit un plus grand nombre de notes *graves*; 2° une clef *baissée* fournit un plus grand nombre de notes *aiguës*. Par conséquent, on peut hausser la clef quand il se trouve un passage qui excède inférieurement la première ligne; on peut baisser la clef quand il se trouve un passage qui excède la quatrième ligne.

La notation par chiffres n'a besoin d'aucune clef.

De la notation sur les diverses clefs. Nous allons placer les clefs d'*ut* dans l'ordre où elles sont le plus usitées, avec la notation par chiffres au-dessous. Les demi-tons sont distingués par un petit demi-cercle.

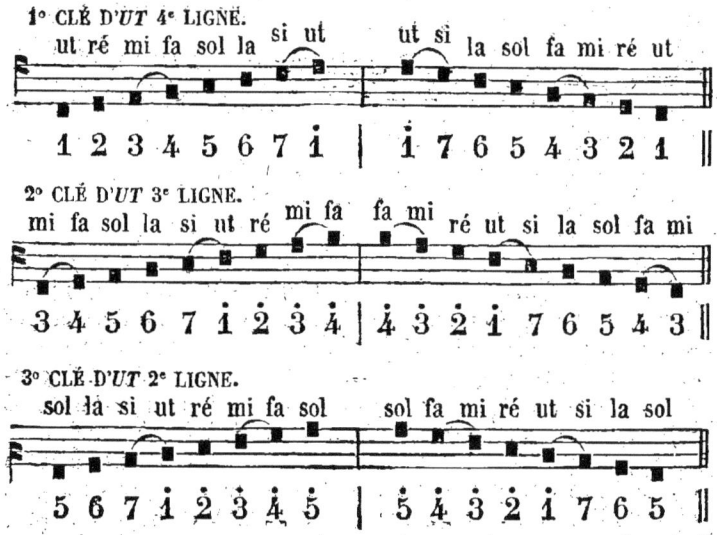

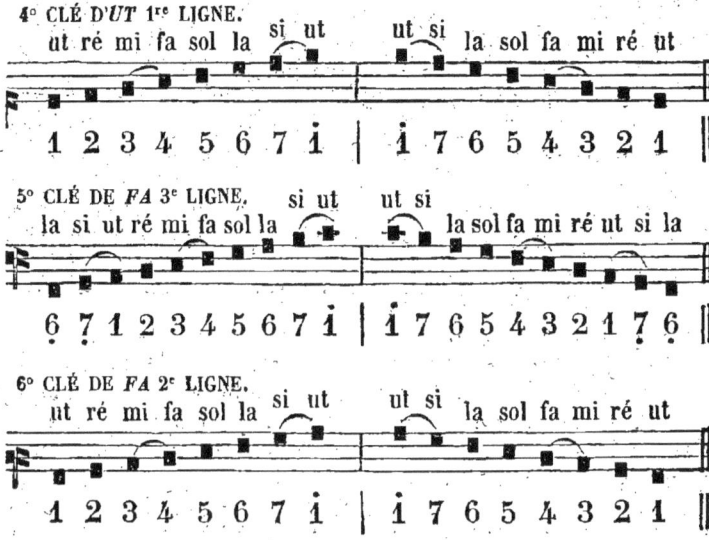

Pour aborder tout de suite la pratique, chantez d'une voix ferme, mais sans crier, plusieurs fois, tant en montant qu'en descendant, d'abord la gamme 1°, jusqu'à ce que vous la sachiez bien. Quand il en sera ainsi, chantez successivement les cinq autres. Vous ne parviendrez à bien chanter les quatre dernières gammes qu'autant que vous posséderez bien les intervalles de la première.

Des barres. On appelle ainsi de petites lignes qui, dans le plain-chant, coupent la portée perpendiculairement. Il y en a trois : la petite barre A, la grande barre B et la double barre C.

La petite barre ne traverse que deux lignes et se place entre chaque mot du texte latin, pour éviter la confusion des mots que l'ignorance des chantres peut causer.

La grande barre traverse les quatre lignes de la portée. Elle se place après un mot, lorsque la phrase mélodique exige un repos conforme d'ailleurs au sens du texte. Dans les proses et les hymnes, elle sert à indiquer la séparation des vers dont se compose chaque strophe; souvent aussi elle divise les mesures, quand le chant des proses et des hymnes est rhythmé.

La double barre se met à la fin des morceaux, versets, intonations, etc.

Des valeurs de notes et de la mesure. Dans le chant grégorien, généralement, toutes les notes sont égales et la division de la mesure n'est pas marquée. Cependant, l'on peut attribuer au plain-chant la mesure à deux temps, un temps pour chaque note.

Sans cette mesure, soit formellement marquée, soit instinctivement suivie, le chant sacré devient une confusion dans laquelle domine la voix la plus forte, quand celui-ci traîne outre mesure et celui-là crie de toutes ses forces, précipitant ses efforts pour dominer à son tour. C'est ce qui arrive assez souvent dans les campagnes, lorsque le mauvais goût préside au lutrin. C'est un abus barbare; mais il existe.

Les notes qui ont la même durée, la durée ordinaire, sont les notes carrées; on les appelle *communes*.

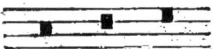

Viennent ensuite les notes à queue

Ces notes, appelées longues, indiquent que la voix doit prolonger le son qu'elles représentent au delà de la durée ordinaire. C'est la définition qu'on donne de ces notes dans presque toutes les méthodes de plain-chant; mais quelle est cette durée ordinaire? Elles précèdent ordinairement une brève ♦.

La brève ◆ sert à indiquer une durée moindre que la durée de la note commune.

Enfin, les notes rhomboïdes ◆ n'étant plus en usage, nous nous bornons à ce que nous avons dit page 55.

Si nous examinons l'emploi fait de ces notes dans les liturgies de différents diocèses en France, nous pouvons assigner aux notes les valeurs suivantes :

La commune ■ vaut deux ◆◆ brèves;

La longue ▉ vaut une ■ et une ◆ ou ◆◆◆ brèves, quelquefois simplement deux brèves;

La commune ■ suivie d'un point ■. vaut une ▉ longue ou une carrée ■ et une brève ◆ ou trois brèves ◆◆◆;

On trouve aussi la *plique*, note armée diversement de deux queues à droite et à gauche, et liée de cette manière :

Plique longue ascendante ▉ ;

Plique longue descendante ▉ ;

Plique brève ascendante ▉ ;

Plique brève descendante ▉.

Quoiqu'en principe le plain-chant ne soit pas mesuré, cependant nous trouvons le rhythme musical dans plusieurs proses et hymnes. L'hymne si admirable de *Quo vos magistri* (vêpres de la Pentecôte) n'a pas de mesure écrite, il est vrai, mais le rhythme en est ravissant; le *Votis pater annuit* de Noël est dans les conditions d'une mesure à trois temps; le *Virgo Dei genitrix* est composé dans une mesure à quatre temps, etc.

Enfin, il y a la double note ■■, dont l'effet s'appelle prolation.

Pour exprimer en chiffres ces valeurs, on peut admettre que chaque chiffre représente une note commune : 1 équivaut à ■ ou ◆◆. Un chiffre suivi d'un point, comme 1., équivaut à une double note ■■ valant quatre ◆◆◆◆. La brève ◆ est représentée par un chiffre, comme 1, surmonté d'un trait horizontal. Enfin, un chiffre suivi d'un point surmonté d'un petit trait horizontal, comme 1., exprime la longue ▉ ou la ■. pointée et équivaut à trois ◆◆◆.

Musique.

Du bémol, du dièse et du bécarre. Dans le plain-chant grégorien, règle générale, *une seule note*, le *si*, est variable[1], c'est-à-dire peut être baissée d'un demi-ton ou remise dans son ton naturel. Le bémol ♭ sert à indiquer que le *si* ou tout autre note en musique doit être baissé d'un demi-ton. Quand il est placé à la clef, il affecte toutes les notes de la ligne de portée. Dans le cours d'une ligne de plain-chant, il n'altère que la note placée à sa gauche ; car, dans le chant grégorien, en principe, le bémol est toujours accidentel.

Le dièse ♯ est un signe qui indique que la note qui le suit à droite doit être haussée d'un demi-ton. Comme le chant grégorien ne reconnaît d'autres demi-tons que ceux du *mi* au *fa* et du *si* à l'*ut* dans la gamme, l'usage du dièse ne doit pas avoir lieu. Néanmoins, dans la pratique, le sentiment musical en a depuis longtemps réclamé et introduit l'usage ; mais cet usage doit être *très-modéré*.

Le bécarre ♮ est un signe qui, placé à la gauche d'une note, sert à indiquer que cette note, précédemment haussée par un dièse ou baissée par un bémol, doit être rendue à son ton naturel. Le ♮ dans le plain-chant ne se pose guère que sur le barreau du *si* et quelquefois du *mi*. Placé à la clef ou sur une portion de la ligne de portée, il indique que tous les *si* qui pourront venir sur le reste de la ligne doivent être dans leur ton naturel.

Dans le plain-chant noté en chiffres, la note bémolisée se marque ainsi : *si* ♭ 7, *mi* ♭ 3 ; la note diésée : *sol* ♯ 5, *fa* ♯ 4. Il n'y a pas de bécarre : un chiffre sans une petite barre transversale indique une note dans le ton naturel, comme *si* 7, *mi* 3.

Exécution du plain-chant.

L'exécution du plain-chant exige trois opérations simultanées : 1° lire les notes ; 2° les entonner juste ; 3° appliquer la lettre aux notes entonnées. « Ces trois choses, a dit un célèbre organiste du dix-huitième siècle, se doivent faire l'une après l'autre pour avancer et apprendre à fond : autrement, ce ne sera jamais que routine et confusion. »

1. On trouve quelquefois, mais rarement, le *mi* ♭.

Lecture.

Nous désirerions bien donner ici des exercices gradués de lecture sur toutes les clefs, mais l'espace nous manque. Nous engageons nos lecteurs à lire les principes que nous avons donnés pour la lecture de la musique, page 32, et qui sont applicables aussi à la lecture du plain-chant. Nous les engageons, en outre, à prendre le premier livre venu de plain-chant et à s'exercer à la lecture des notes sans se préoccuper d'abord de l'intonation; enfin, nous les invitons à ne jamais chanter deux notes de suite sans les avoir préalablement lues et bien lues. C'est chose facile, mais profitable.

Intonation.

Entonner juste, c'est donner à la première note d'une pièce de chant et aux suivantes le ton qui leur convient, en suivant les inflexions de la gamme, soit par degrés conjoints, soit par degrés disjoints; fausser les tons, c'est détonner. Pour chanter juste, il est, en premier lieu, nécessaire de savoir chanter les gammes du plain-chant, qui sont au nombre de huit, dont quatre principales ou *authentiques* et quatre inférieures ou *plagales*. Ces huit gammes constituent les huit modes ou huit tons dans lesquels une mélodie doit être composée pour appartenir au genre particulier de musique appelé chant grégorien. Disons, tout d'abord, que chacune de ces gammes comprend, comme la gamme modèle d'*ut*, cinq tons et deux demi-tons; mais la position des deux demi-tons *mi* à *fa*, *si* à *ut*, varie suivant le mode ou ton, soit authentique, soit plagal.

Tons ou modes de l'Église.

On appelle *tons* ou *modes de l'Église* certaines manières de moduler le plain-chant sur telle ou telle finale prise dans l'une des quatre notes *ré, mi, fa, sol*, en suivant les règles admises dans le chant grégorien.

Il y a huit tons réguliers, quatre authentiques, ainsi appelés parce que l'usage en fut ordonné par saint Ambroise, et quatre plagaux ou collatéraux introduits par saint Grégoire Ier.

Les tons authentiques ou impairs sont ceux qui modulent ou *phrasent* dans l'étendue de l'octave de leur gamme, par exemple, de *ré* en *ré*, de *mi* en *mi*, de *fa* en *fa*, de *sol* en *sol*. Les tons plagaux ou pairs sont ceux dont la modulation s'effectue dans l'étendue de la gamme de la dominante placée une quarte au-dessous de la tonique de l'authentique.

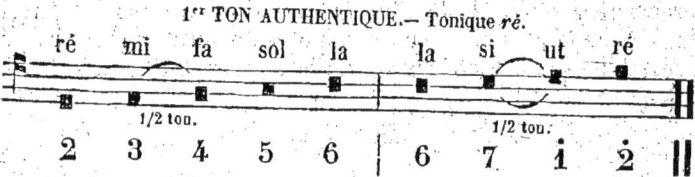

La mélodie s'arrange peu d'une suite de trois tons pleins, appelée *triton*, *fa*, *sol*, *la*, *si*; c'est pourquoi, dans le premier ton, le *si* est presque toujours bémolisé.

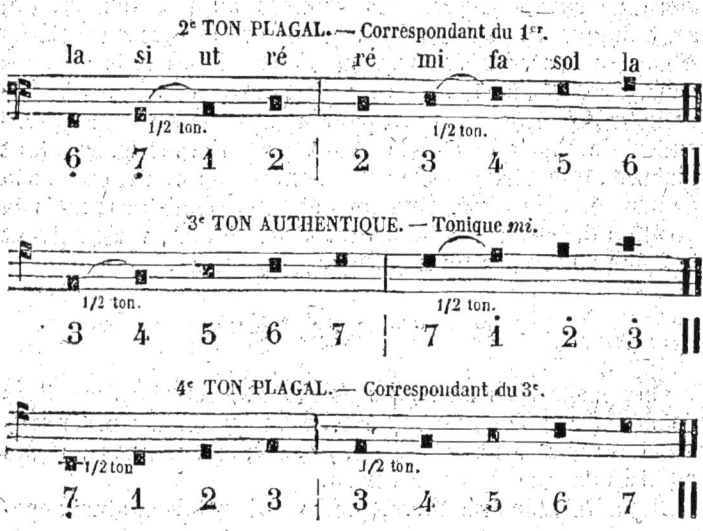

Comme les saints évêques Miroclet et Ambroise de Milan n'avaient admis le principe ancien que pour constituer un mode agréable, il fallait que la quinte[1] et la quarte de la gamme fussent justes ou du moins l'une des deux (quelle que fût la place des deux demi-tons); ils décrétèrent *authentiques* les modes ou tons fondés dans ces conditions et comprenant toute l'étendue de la gamme. Les morceaux de plain-chant dans ces tons ont leur tonique pour finale. La finale est la note qui termine. Leur gamme se partage en deux divisions : la quinte en bas et la quarte en haut.

En renversant l'ordre des deux divisions de la gamme des modes authentiques, c'est-à-dire en plaçant la quarte en bas et la quinte en haut, saint Grégoire Ier ou Guy d'Arrezzo

---

1. La quinte juste comprend trois tons et demi. La quarte juste deux tons et demi.

forma une gamme autrement divisée dans laquelle la dominante de chacun de ces modes devint tonique, et l'on composa un mode ou ton qui a une grande analogie avec son authentique, puisqu'il lui prend ses deux éléments. Ce ton fut appelé *plagal* ou *inférieur*, en ce que sa modulation dans l'octave de la dominante placée au grave de l'échelle, s'opère dans l'espace d'une quarte au-dessous et d'une quinte au-dessus de la tonique de l'authentique pour finir sur cette même tonique, sans jamais atteindre la hauteur extrême de son authentique ; on peut vérifier ce fait par le tableau synoptique qui suit :

	Tonique des plagaux.	Toniques des authentiques finales communes aux deux tons.	Dominantes normales.	Octave.
		Quarte.	Quinte.	Quarte.
Authentique, premier ton,		RÉ	LA	RÉ
Plagal, deuxième ton,	*la*	*ré*	*la*	
Authentique, troisième ton,		MI	SI	MI
Plagal, quatrième ton,	*si*	*mi*	*si*	
Authentique, cinquième ton,		FA	UT	FA
Plagal, sixième ton,	*ut*	*fa*	*ut*	
Authentique, septième ton,		SOL	RÉ	SOL
Plagal, huitième ton,	*ré*	*sol*	*ré*	

Ainsi, le premier et le deuxième ton ont pour finale *ré* ;
le troisième et le quatrième ton ont pour finale *mi* ;
le cinquième et le sixième ton ont pour finale *fa* ;
le septième et le huitième ton ont pour finale *sol*.

Ces quatre notes, *ré, mi, fa, sol*, sont généralement appelées toniques du chant grégorien.

Le discernement des tons authentiques et plagaux est indispensable à celui qui donne le ton du chœur; car, si le chant est dans un ton plagal, il doit prendre sa finale à peu près dans le *médium* de la voix. Si le ton est authentique, il doit la prendre dans le bas. Faute de cette observation, l'on expose les voix à se forcer ou à n'être pas entendues.

Des finales et des dominantes des huit tons. Indépendamment de la tonique finale, il est essentiel, dans le plain-chant, de distinguer la dominante. En principe, la dominante est la note à cinq degrés au-dessus de la tonique (voy. page 23). Dans le plain-chant, c'est la note qu'on rebat le plus souvent, celle sur laquelle se chante le corps du verset des psaumes.

Les tons impairs ont pour dominante la quinte au-dessus de leur tonique ou finale.

Les tons pairs ont pour dominante la tierce au-dessous de la dominante de leur authentique.

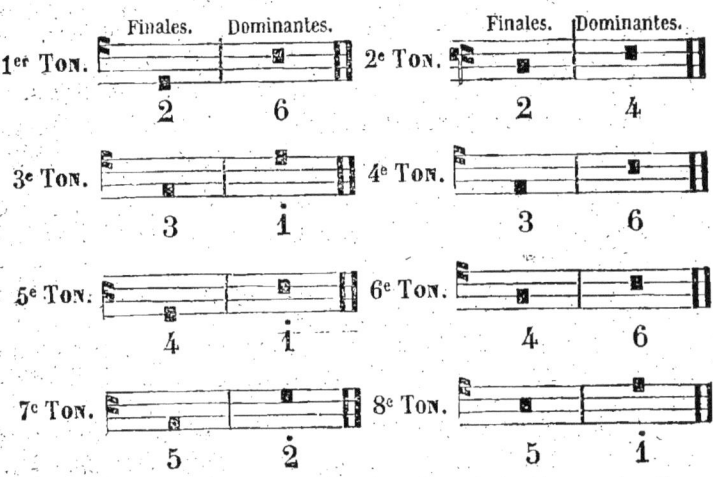

Remarque. Le *si*, à cause de sa variabilité, n'a pu être pris pour dominante; c'est pourquoi, dans le troisième ton et dans le huitième, où le *si* devrait être la dominante, on a choisi la note immédiatement supérieure, c'est-à-dire l'*ut*.

De la nature des huit tons. Le ton est *majeur* quand la tierce de sa tonique est majeure (de deux tons); il est *mineur* quand la tierce de sa tonique est mineure (d'un ton et demi). Le ton mineur est *mineur direct* si la tierce de sa finale a le demi-ton entre le second et le troisième degré; il est *mineur inverse*, si la tierce de sa finale a le demi-ton du premier au deuxième degré.

Le premier et le deuxième tons sont mineurs directs, le troisième et le quatrième sont mineurs inverses, et les quatre derniers sont majeurs. En résumé, les premier, deuxième, troisième et quatrième sont mineurs; les cinquième, sixième, septième et huitième sont majeurs.

En attribuant aux huit tons certaines propriétés d'expression morale, on les a appelés le premier *grave*; — le deuxième, *triste*; — le troisième, *mystique*; — le quatrième, *harmonieux*; — le cinquième, *joyeux*; — le sixième, *dévot*; — le septième, *angélique*; — le huitième, *parfait*. Si l'on considère l'effet propre à chacun des huit tons, on se convaincra facilement que ces expressions sont justifiées.

On distingue encore les tons comme *parfaits, imparfaits, surabondants, mixtes, commixtes, réguliers, irréguliers*.

Le ton parfait est celui qui atteint les deux notes extrêmes de son échelle diatonique *ré ré* 2 2, *la la* 6 6, pour le premier et le deuxième ton. Ainsi des autres.

Le troisième et le quatrième ton offrent rarement des morceaux de ton parfait.

Le ton imparfait est celui qui n'atteint pas les deux notes extrêmes de son échelle diatonique.

Le ton *surabondant* est celui qui monte ou descend d'une ou de plusieurs notes au delà des limites de son échelle diatonique.

Un ton mixte est celui qui emprunte plusieurs notes à son plagal s'il est authentique; à son authentique, s'il est plagal.

Un ton *commixte* est celui dans lequel se trouvent des phrases de chant qui appartiennent à d'autres tons qu'à leurs authentiques ou à leurs plagaux.

Un ton régulier est celui qui se termine par sa note finale. C'est ce qui a lieu le plus ordinairement.

Un ton irrégulier est celui qui se termine par une autre note que sa finale régulière.

Il importe beaucoup de ne pas confondre la tonalité des modes du plain-chant avec les modes ou tons de la musique. Les tons de la musique comprennent une quinte et une quarte juste. S'ils sont majeurs, ils ont cinq tons et deux demi-tons placés du troisième au quatrième degré et du septième au huitième. S'ils sont mineurs, ils ont encore cinq tons et deux demi-tons; mais ces derniers sont placés du deuxième au troisième degré et du cinquième au sixième degré (sans parler de leur sensible ou sous-tonique).

Les modes du plain-chant sont formés de ces mêmes éléments, mais la position des demi-tons peut être différente; ils n'admettent pas le dièze en principe, n'ont qu'une note variable, le *si*. En un mot, ce sont des modes d'un genre antique qu'on s'acharne à vouloir refondre dans la tonalité moderne : de là des embarras, de là de la confusion. Cependant, quand on a reconnu leur caractère propre, qui est bien simple, puisqu'ils se rapportent à la gamme ordinaire, on peut saisir leurs analogies avec les modes de la musique tout en respectant les traditions. De ce qui précède, concluons ce qui suit :

En donnant à chacun des modes grégoriens le nom de leur tonique ou base, nous aurons approximativement, par rapport au mode de la musique, pour tonalité du premier, *ré* mineur; du second, *la* mineur; du troisième, *mi* mineur; du quatrième, *si* mineur; du cinquième, *fa* majeur; du sixième, *ut* majeur, modulant presque toujours en *fa*; du septième, *sol* majeur; du huitième *ré* majeur, modulant en *sol*.

Remarquons encore l'analogie dans la génération des tons de la musique et du plain-chant. En musique, d'*ut* majeur on passe successivement en ton de *sol*, du ton de *sol* en ton de *ré*, de *ré* en *la*, etc., c'est-à-dire d'une tonique première à une autre tonique, à la quarte inférieure (voyez page 24). En plain-chant, la génération des modes s'effectue de même.

Impairs.	RÉ	MI	FA	SOL	De quarte en quarte en descendant ou de quinte en quinte en montant.
Pairs.	*la*	*si*	*ut*	*ré*	

Des lettres tonales. Les lettres de l'alphabet, comme nous l'avons dit page 2, servaient autrefois à désigner les notes de la gamme disposée comme il suit :

A B C D E F G
la, si, ut, ré, mi, fa, sol.

C'est pourquoi les huit tons furent marqués du chiffre d'ordre 1 2 3, etc., accompagné de la lettre qui signifiait la note finale, et l'on a eu :

1er ton en D, — 2e ton en D, — 3e ton en E, — 4e ton en E, — 5e ton en F, — 6e ton en F, — 7e ton en G, — 8e ton en G.

Exercices sur les huit tons.

En chantant, dit M. Félix Clément, il faut observer les quatre règles importantes :

1° Se tenir debout, la poitrine élevée et la tête droite ;

2° Attaquer les tons d'une voix bien articulée, avec fermeté, sans crier, et maintenir, autant que possible, l'égalité des vibrations ;

3° S'écouter chanter soi-même ;

4° Prendre la respiration sans effort et la ménager pour en prolonger la durée.

1*er Exercice.*

Chantez plusieurs fois la gamme d'un ton impair et de son plagal. Quand on a bien dans l'oreille cette double gamme, qu'on s'est familiarisé avec la position des demi-tons, on a dès lors acquis le sentiment des modes ou tons pris deux à deux, impair et pair, jusqu'au 7e et 8e ton. C'est pourquoi chantez la gamme du premier et du deuxième ton, et successivement les autres.

1ᵉʳ Ton.
en D.

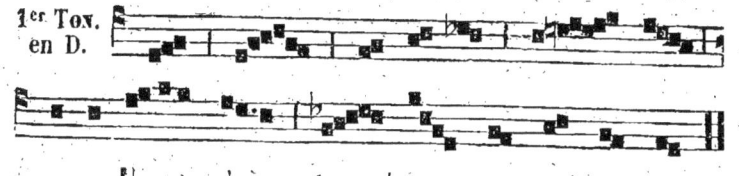

2ᵉ Exercice.

Le même. ‖ 2 3 4 | 2 4 5 6 4 3 | 3 4 5 6 7̇ 6 | 6 7̇ 1̇ 7̇ 1̇ 2̇
‖ 1̇ 7 6 5 | 6 6 1̇ 2̇ 3̇ 2̇ 1̇ 7 6 | 4 5 6 7̇ 6 2̇ 6 4 2 4 3
‖ 5 6 4 3 3 2 ‖

2ᵉ Ton
en D.

Le même. ‖ 2 1 6 1 2 4 5 4 | 4 5 6 6 5 4 3 1 2 2 1 | 4 4 5 6
‖ 6 7̇ ·6 6 5 6 6 5 4 ·3 4 5 4 4 3 1 2 2· 6 1 7
‖ 1 2 2 1 3 4 5 6 2 4 6 5 1 2 4 3 3 2 ‖

3ᵉ Ton
en E.

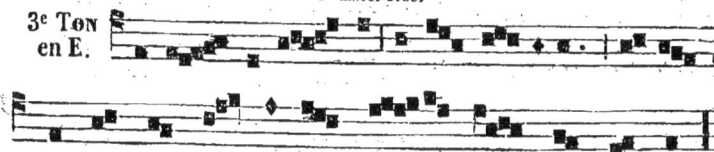

3ᵉ Exercice.

Le même. ‖ 3 3 2 3 4 5 2 5 6 5 6 1̇ 1̇ | 6 1̇ 7 5 6 7 6
‖ ·5 5· | 5 6 5 4 3 3 5 6 5 4 6 1̇ 2̇ ·1̇ 1̇ 7 6
‖ 1̇ 2̇ 1̇ 2̇ 3̇ 1̇ 1̇ 5 6 5 4 2 2 3 3 ‖

72

4ᵉ Ton en E.

Le même. ‖ 1 2 4 · 4 4 3 2 1 2 3 3 · 3 5 6 6 · 5 6
‖ 1̇ 7 · 5 6 1̇ 7 5 6 6 7 · 6 6 1̇ 5 6 4 3 2 4 6 5 4 3 3 ‖

4ᵉ Exercice.

5ᵉ Ton en F.

Le même. ‖ 4 6 5 7̣ · 6 6 5 6 5 4 3 5 6 5 4 4 6 1̇ 1̇ 2̇ 1̇
‖ 1̇ 2̇ 3̇ 4̇ 4̇ 3̇ 2̇ 1̇ 7 1̇ 4 5 6 7̣ 6 5 5 4 ‖

6ᵉ Ton en F.

Le même. ‖ 4 5 6 4 4 5 6 7̣ 4 1̇ · 7̣ 7̣ 6 6 1̇ 7 1̇ 1̇ 4 3
‖ 2 1 4 5 6 5 4 4 ‖

5ᵉ Exercice.

7ᵉ Ton en G

Le même. ‖ 7 2̇ 1̇ 7 6 5 1̇ · 7 6 1̇ 2̇ · 3̇ 2̇ 1̇ 7 6 5 5 2̇ 4̇
‖ · 3̇ 3̇ 2̇ 3̇ 4̇ 5̇ · 4̇ 3̇ 2̇ 4̇ 2̇ 2̇ 1̇ 7 1̇ 5 6 7 6 5 5 ‖

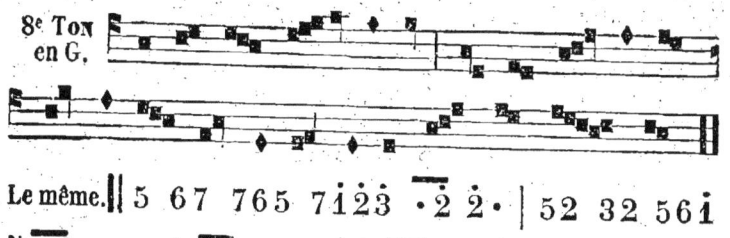

8ᵉ Ton en G.

Le même. ‖ 5 67 765 7 1 2 3 · 2̄ 2̇ · │ 52 32 56 1̇
‖ ·1̇ 17 62̇ ·1̇ 765 35 ·2 23 ·2 2 561̇ 17
‖ 1̇ 7 6 5 6 6 5 ‖

Remarque. Si l'on est fidèle à ce que nous avons prescrit de chanter la gamme de chaque ton authentique avec celle de son plagal avant d'aborder les exercices ci-dessus ou tous autres pris dans un livre de plain-chant, il est certain qu'on ne devra éprouver aucune difficulté pour donner l'intonation juste aux notes qui, dans l'exercice, se suivent par degrés conjoints; peut-être n'en est-il pas de même pour les intervalles par degrés disjoints, pour les tierces, les quartes, etc. Dans ce cas, il convient de combler l'intervalle en ajoutant les notes intermédiaires jusqu'à ce qu'on soit devenu fermement sûr de l'intervalle.

En suivant cette méthode, il est facile de compléter tous les exercices qui ne sauraient trouver place dans un aussi petit volume. Qu'on prenne un livre de plain-chant, qu'on *lise* et qu'on *chante* ensuite les notes par solmisation.

Application de la lettre aux notes du plain-chant. — L'application de la lettre ou texte sacré aux notes exige avant tout que celui qui se livre à cette pratique se soit préalablement exercé à l'étude des gammes, à la lecture des notes et à l'étude des intervalles qui, dans le plain-chant, sont des intervalles simples, c'est-à-dire toujours renfermés dans les limites de l'octave comme la seconde, soit majeure, soit mineure, les tierces majeure et mineure, la quarte, la quinte, la sixte et l'octave. Par conséquent, l'intonation des notes doit être préalablement rendue familière à celui qui veut chanter le texte avec succès.

Musique.

En second lieu, il importe de bien lire et de comprendre, si l'on peut, le texte sacré, parce que le chant est principalement institué pour animer la lettre et lui donner plus de grâce et de vigueur; parce que, selon le vœu du concile d'Aix-la-Chapelle tenu l'an 816, « on doit établir dans l'église « des personnes pour lire, chanter et psalmodier, qui rendent « à Dieu les louanges qui lui sont dues, non avec orgueil, « mais avec humilité, qui, en lisant ou en chantant, aient à « cœur l'édification du peuple et non la très-vaine opinion « dont il pourrait les flatter. »

Entrant dans la pratique, nous dirons :

La manière d'appliquer la note sur la lettre, par exemple, *fa, sol, la* sur la syllabe *do*, du mot *Domine*, sera d'élever les sons différents de ces trois mêmes notes, sur la seule syllabe *do*, et semblablement en prononçant les autres syllabes tant du même mot que des autres du texte, de se ressouvenir en même temps de la qualité des notes et des intervalles qui y répondent. Par le moyen de cette réflexion et de l'application mentale des notes sur les syllabes de toute sorte de mots, l'on apprendra en peu de temps à chanter le texte avec autant de facilité que la note. Or cet avis est de telle importance, que Guy d'Arezzo, ce grand maître dans le chant grégorien, estime que ce ne sont pas seulement les commençants, mais encore les plus *avancés* qui doivent s'assujettir à cette pratique. Il convient aussi d'observer la mesure, de tenir compte des repos marqués dans chaque phrase mélodique, et des terminaisons qui exigent qu'on prolonge le plus souvent la durée de l'avant-dernière note plutôt que celle de la dernière.

Il faut bien prendre garde en chantant la lettre de ne jamais désunir les syllabes d'un même mot, ni les mots d'un même membre de phrase, soit par des pauses ou des respirations faites mal à propos, soit par une mesure déréglée, soit autrement. Car d'un seul mot on en ferait plusieurs. Si donc l'on a besoin de respirer au milieu d'un mot qui soit chargé de plusieurs notes, on le doit faire de telle sorte que la respiration ne se fasse jamais immédiatement après la dernière note d'une syllabe qui est au milieu du même mot, c'est-à-dire entre deux de ses syllabes, mais qu'elle ait lieu toujours sur quelque autre note du milieu des mêmes syllabes. Par exemple, si dans le mot *suspiramus*, l'on fait entendre d'abord toutes les notes qui sont sur la première syllabe *sus*, et qu'immédiatement après sa dernière note on respire, il semblera à ceux qui écoutent que l'on aura prononcé ces trois différents mots *sus, pira, mus*. Il en sera de même des autres mots qui peuvent être partagés en respirant hors de l'à-propos. Cette inconvenance dans le chant est appelée vulgairement *point de savetier*.

On ne doit jamais répéter la consonne d'aucune syllabe, soit qu'elle commence, soit qu'elle termine les syllabes des mots du texte. Quand la consonne précède la voyelle avec laquelle elle compose la syllabe, on la prononce sur la première des notes qui sont sur la même syllabe; mais lorsque la consonne suit la voyelle et termine la syllabe, on ne la prononce que sur la dernière note de la même syllabe. Autrement, par la répétition des consonnes, on multiplierait le nombre des syllabes, et ces dernières formeraient de nouveaux mots barbares ou ridicules. Prenons par exemple le mot *summus* où l'on rencontrerait *sum, sum, um, um, mus, mus, us, us*.

On évitera aussi de faire de deux mots un seul en joignant les syllabes de l'un avec celles de l'autre; c'est pourquoi il ne faut jamais unir aucune note de la dernière syllabe d'un mot avec les notes de la première syllabe du mot suivant.

Transposition.

La transposition, en plain-chant, peut être ainsi définie : un changement par lequel on transporte la tonalité d'un morceau dans une échelle de sons plus grave ou plus aiguë, par le changement de clef de l'échelle, en conservant fidèlement la disposition des tons et des demi-tons.

La transposition suppose que, relativement à un son fixe et invariable, terme de comparaison[1], certaines mélodies sont écrites trop bas pour les voix aiguës ou trop haut pour les voix graves.

Chacun des huit tons peut être transposé à la quarte au-dessus. Cette règle est absolument vraie, mais ne peut s'exé-

---

1. Par exemple le *la* du diapason, aujourd'hui, de l'orgue, ou de l'ophicléide, autrefois celui du clavecin.

cuter qu'en bémolisant le *si* dans plusieurs cas, ce qui est permis. La loi générale, nous le répétons encore une fois, veut que le *si* tout seul soit note variable dans le plain-chant. Par le changement d'échelle, il y a nécessairement changement de dominante. Il est facile de comprendre que ces transpositions ont contribué constamment à rendre le chant grégorien d'un difficile accès au commun des fidèles. Nous allons les donner toutes en les traduisant en chiffres, afin de montrer combien la notation en chiffres est simple et facile, et combien elle serait économique dans un livre de liturgie qui pourrait offrir les mélodies notées avec le texte sacré sans de grandes dépenses [1].

PREMIER TON.	2 3 4 5 6 7 $\dot{1}$ $\dot{2}$	Clef d'*ut* de 4ᵉ barre.
1ᵉʳ ton transposé.	5 6 $\cancel{7}$ $\dot{1}$ $\dot{2}$ $\dot{3}$ $\dot{4}$ $\dot{5}$	Sur la clef d'*ut* de 2ᵉ barre.
Autre transposition.	$\underset{.}{6}$ $\underset{.}{7}$ 1 2 3 4 5 6	Sur la clef d'*ut* de 2ᵉ barre, quand le *si* ♭ est constant dans le 1ᵉʳ ton à transposer.
DEUXIÈME TON.	$\underset{.}{6}$ $\underset{.}{7}$ 1 2 3 4 5 6	Clef de *fa* de 3ᵉ barre.
2ᵉ ton transposé.	2 3 4 5 6 $\cancel{7}$ $\dot{1}$ $\dot{2}$	*Idem*, de 2ᵉ barre.
Autre transposition.	3 4 5 6 7 $\dot{1}$ $\dot{2}$ $\dot{3}$ $\dot{4}$	Clef d'*ut* 3ᵉ barre; il est employé quand le 2ᵉ ton a son *si* constamment bémol en bas et en haut, comme il suit :
2ᵉ ton avec *si* ♭ en bas et en haut.	$\underset{.}{6}$ $\underset{.}{7}$ 1 2 3 4 5 6 $\cancel{7}$	
TROISIÈME TON.	3 4 5 6 7 $\dot{1}$ $\dot{2}$ $\dot{3}$	Clef d'*ut* de 4ᵉ et 3ᵉ barre à volonté.
3ᵉ ton transposé.	$\underset{.}{6}$ $\cancel{7}$ 1 2 3 4 5 6	*Idem*, de 2ᵉ barre.
QUATR. TON.	7 1 2 3 4 5 6 7	Clef d'*ut* de 4ᵉ barre.
4ᵉ ton transposé.	$\underset{.}{7}$ 1 2 3 4 5 6 7	Clef de *fa* de 3ᵉ barre.
Autre transposition.	3 4 5 6 $\cancel{7}$ $\dot{1}$ $\dot{2}$ $\dot{3}$	Clef d'*ut* de 3ᵉ barre.

[1]. Nous faisons dès aujourd'hui des vœux et nous emploierons nos faibles efforts pour que le culte catholique profite de cette découverte.

CINQUIÈME TON.	4	5	6	7	1̇	2̇	3̇	4̇	Clef d'*ut* de 3ᵉ barre.
5ᵉ ton transposé.	7̣	1	2	3	4	5	6	7̇	Clef de *fa* de 3ᵉ barre.

Le plus souvent le cinquième ton est noté avec *si* ♭.

5ᵉ ton noté avec *si* ♭.	4	5	6	7̇	1̇	2̇	3̇	4̇	Clef d'*ut* de 3ᵉ barre.
Il se transpose ainsi	1	2	3	4	5	6	7	1̇	Clef d'*ut* de 1ʳᵉ barre.
SIXIÈME TON.	1	2	3	4	5	6	7	1̇	Clef d'*ut* de 4ᵉ barre.
6ᵉ ton transposé.	4	5	6	7̇	1̇	2̇	3̇	4̇	Clef d'*ut* de 2ᵉ barre.

Le plus souvent le sixième ton est noté avec *si* ♭.

6ᵉ ton avec *si* ♭.	1	2	3	4	5	6	7̇	1̇	Clef d'*ut* de 4ᵉ barre.
Il se transpose ainsi.	5	6	7	1̇	2̇	3̇	4̇	5̇	Clef d'*ut* de 2ᵉ barre.
SEPTIÈME TON.	5	6	7	1̇	2̇	3̇	4̇	5̇	Clef d'*ut* de 3ᵉ barre.
7ᵉ ton transposé	5	6	7	1̇	2̇	3̇	4̇	5̇	Clef d'*ut* de 2ᵉ barre.
Autre transposition.	1	2	3	4	5	6	7̇	1̇	Clef d'*ut* de 4ᵉ barre.
HUITIÈME TON.	2	3	4	5	6	7	1̇	2̇	Clef d'*ut* de 4ᵉ barre.
8ᵉ ton transposé.	5	6	7̇	1̇	2̇	3̇	4̇	5̇	Clef d'*ut* de 2ᵉ barre.

Remarque. Nous comptons ci-dessus vingt-cinq procédés ou manières d'écrire et de transposer les huit tons : c'est, en moyenne, trois manières différentes pour chacun des tons, soit authentiques, soit plagaux. Si, d'autre part, l'on considère qu'il entre dans ces transpositions l'emploi de six clefs donnant une place différente à une même note de la gamme sur la ligne de portée, et que cette même note occupe à son octave aiguë une position tout autre qu'à son octave grave, il s'ensuit que dans le plain-chant avec ses transpositions pratiquées dans la liturgie romaine surtout, il y a *douze ma-*

nières de lire la même note. Qu'on ne soit pas surpris qu'il ait été si difficile de trouver de bons chantres.

Rapprochons maintenant cette simplicité naïve propre à la notation par chiffres dans laquelle le *même son* au grave, au médium, à l'aigu, est toujours et sans exception représenté par *le même signe*, dans laquelle l'embarras des clefs disparaît, dans laquelle, enfin, les intervalles se comptent arithmétiquement et qui économise les frais d'impression par l'effet nécessaire de cette simplicité.

Quiconque peut apprendre à chanter juste les sept notes *ut, ré, mi, fa, sol, la, si*, et lire les chiffres 1, 2, 3, 4, 5, 6, 7, qui les représentent, sait dès lors le plain-chant et peut suivre, avec un livre préparé *ad hoc* à peu de frais, les mélodies sacrées. Quel précieux avantage!

Exercices des transpositions.

Pour s'exercer aux transpositions par changement de clef, on copiera sur des lignes de portée avec la notation ancienne du plain-chant, d'abord les huit tons ci-dessus, puis les diverses transpositions auxquelles ils se prêtent; ensuite, on prendra un livre quelconque de plain-chant et l'on transposera successivement par notation en portée et par notation en chiffres des pièces de chant de chacun des huit tons.

Transposition par les instruments de chœur. — Nous ne répéterons pas ici ce que nous avons dit sur la transposition musicale (voy. pag. 45). Nous y renvoyons le lecteur, qui devra lire attentivement cet alinéa. Les tons du plain-chant doivent souvent être transposés sur l'ophicléide et sur l'orgue pour que l'intonation ne contrarie pas les voix du chœur. On fait usage dans ces transpositions des dièzes ou des bémols comme dans les modes de la musique. Quels que soient les tons qu'adoptent les instruments accompagnateurs et que suivent les voix, il serait conforme aux principes du chant grégorien que chaque ton authentique et son plagal eussent sur l'instrument la même finale; que, par conséquent, le plagal pût descendre dans les notes de la quarte au-dessous de la finale commune aux deux tons. C'est pourquoi il serait à désirer que le premier et le deuxième ton fussent exécutés dans le ton de *ré* mineur, qui est leur finale commune, et chacun des autres, deux par deux, sur les finales *mi, fa, sol*.

Mais si la nature des voix ne permet pas de suivre ce diapason, on entrera dans l'esprit du chant grégorien en subordonnant, autant que possible, les transpositions successives des huit tons à la note de départ prise pour finale du premier ton. En sorte que si la finale du premier ton est prise dans l'échelle de *la*[1], les troisième et quatrième tons auront pour finales le *si*; le cinquième et le sixième auront l'*ut*; le septième et le huitième auront le *ré*.

Quand on n'a pas d'instrument accompagnateur, pour que le chant ne soit pas exposé au caprice de la voix de celui ou de ceux qui entonnent, on peut prendre un ton sûr et uniforme au moyen du diapason (voyez pag. 30 et 45). Vous réglez ainsi le ton d'après la dominante. Pour le premier, le quatrième et le sixième ton, dont la dominante est *la*, prenez le *la* de l'instrument, et de ce son passez sans chanter à la note d'intonation.

Pour le deuxième ton, dominante FA, appelez *fa* le *la* de l'instrument.

Pour le septième ton, dominante RÉ, appelez *ré* le *la* de l'instrument.

Pour le cinquième, transposez en UT, *dominante* SOL; appelez *sol* le *la* de l'instrument.

Pour le troisième et le huitième enfin, dominantes UT, appelez *ut* le *la* de l'instrument.

Psalmodie.

La psalmodie est un chant particulier, propre aux versets des psaumes de David et à ceux des cantiques sacrés dans les offices de l'Église.

On attribue au premier verset d'un psaume quatre choses distinctes : 1° l'*intonation* ou commencement; 2° la *teneur* ou dominante; 3° la *médiation*; 4° la *terminaison*.

L'intonation est une modulation qui conduit le chant à une note (la dominante) sur laquelle on chante tout le corps du verset.

Les autres versets ne renouvellent pas l'*intonation*, si ce

---

1. Dans ce système, il faudra que le deuxième ton reste dans son échelle primitive; car, s'il avait pour finale le *la*, il devrait descendre jusqu'au *mi* grave.

n'est dans le chant des cantiques *Magnificat*, *Nunc dimittis*, *Benedictus*. Ils procèdent de la teneur à la médiation, puis arrivent par la teneur reprise à la terminaison.

La teneur est la note dominante du ton, sur laquelle on chante tout le corps du verset.

La médiation est une petite modulation qui termine la première partie du verset marquée par un (*).

La *terminaison* est la modulation qui finit chaque verset ; elle est marquée dans les livres par les syllabes notées des mots *seculorum, amen*, ou tout simplement par leurs voyelles : e u o u a e.

La psalmodie s'exécute sur les huit tons.

Le ton d'un psaume est déterminé par celui de l'antienne, qui est un petit texte noté que tout le chœur chante après le psaume.

L'antienne, dans les offices solennels, est suivie de la neume.

La neume est une courte récapitulation du chant d'un mode qui se fait à la fin d'une antienne sans y joindre de paroles.

Chaque ton a son intonation propre qui ordinairement, dans le rit romain, ne change pas. La dominante existant constamment dans la psalmodie, celle qui est propre à chacun des huit tons sert à le caractériser.

Les terminaisons sont assez nombreuses. Chacune d'elles est indiquée à la fin de l'antienne par le chiffre du ton et par une des lettres tonales A B C D E F G majuscules ou minuscules, droites ou penchées, romaines ou italiques.

Lorsque la terminaison se finit sur la tonique du ton auquel appartient le chant, elle est complète ; on la distingue par une majuscule. Exemple : 3e en E [mi] ; 2e en D [ré] etc.— Lorsqu'elle finit par une autre note que la finale du ton, elle est incomplète et on la désigne par une lettre minuscule. Exemple : Premier ton en a [la].

De la quantité dans la psalmodie. — On distingue dans le texte sacré des voyelles longues, brèves ou communes. Cet ensemble s'appelle quantité. La quantité est détaillée dans les rituels, qui exposent aussi les divers détails de la liturgie appliquée au chant de l'Église ; elle résulte de la quantité latine assujettie à des règles spéciales. Parmi les règles de la quantité dans la psalmodie, nous citerons les suivantes qui sont générales :

La première et la dernière syllabe d'un mot peuvent être toujours longues.

Cependant, si la dernière syllabe d'un mot est suivie d'un monosyllabe, comme *sum, est, me, te*, etc., elle est toujours brève.

Quand toutes les syllabes d'un verset sont longues, il faut compter le nombre de celles qui doivent entrer dans l'intonation, la médiation et la terminaison. Toutes les autres syllabes appartiennent à la teneur. Une syllabe brève ne peut entrer dans la formation de l'intonation, de la médiation ou de la terminaison, et c'est sur la précédente qu'on exécute cette modulation.

Lorsque la médiation ou la terminaison commence par une note plus élevée que la dominante, on ne place jamais cette note sur une syllabe brève; mais on recule d'une syllabe avant la syllabe brève pour commencer l'une de ces parties du verset.

Lorsqu'il se trouve à la médiation un monosyllabe ou un mot hébreu, on arrête la médiation sur une note élevée d'un ton au-dessus de la dominante, mais seulement dans les deuxième, quatrième, cinquième et huitième tons.

Modèle d'intonation, de teneur, de médiation et de terminaison.

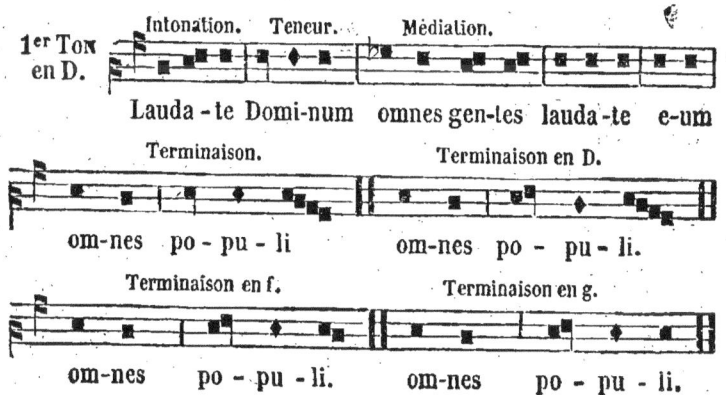

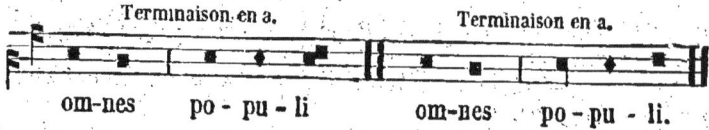

Ce modèle d'intonation du premier ton est emprunté à l'antiphonier romain. Chaque diocèse, avec ses respectables et particulières traditions, présente des variantes souvent multipliées dans l'intonation, la médiation et la terminaison. Nous n'en connaissons pas dont la liturgie soit aussi riche, sous ce rapport, que celle de l'église de Chartres, dont le plain-chant, conduit par une plume savante dans les règles grégoriennes, a été composé par une âme inspirée qui a osé de nobles, de hardies et mélodieuses licences.

FIN.

TABLE DES MATIÈRES.

PRINCIPES DE MUSIQUE.

Définitions.	1
Gamme, notes, notation.	1
Notation par portée.	2
Notation par chiffres.	3
Notation odogramme.	3
Tons et demi-tons.	4
Clefs.	5
Dièse.	7
Bémol.	7
Bécarre.	7
Mesure.	8
Valeur et forme des notes et des silences.	9
Valeurs des notes et des mesures en chiffres.	13
Liaison.	14
Syncope.	15
Signes divers.	16
Point d'orgue.	16
Notes d'agrément.	16
Intervalles.	17
Secondes.	18
Tierces.	19
Quartes.	19
Quintes.	19
Sixtes.	20
Septièmes.	20
Octaves.	20
Compléments ou renversements.	20
Gamme diatonique majeure.	21
Gamme diatonique mineure.	22
Gamme chromatique.	22
Tons ou modes majeurs.	22
Génération des tons majeurs par les dièses.	23
Génération des tons majeurs par les bémols.	25
Tons ou modes mineurs.	28
Génération des tons mineurs ayant la même tonique que les tons majeurs.	28
Génération des tons mineurs relatifs des tons majeurs.	29
Exécution.	30
Lecture.	32
Lecture de la notation par portée.	32
Lecture de la notation par chiffres.	35
Intonation.	36
Intonation de la gamme d'*ut* majeur.	36
Intonation de la gamme de *la* mineur.	38
Intonation des dièses et des bémols.	39
Exécution de la mesure.	41
Transposition.	45
Modulations.	50
Accords parfaits.	50

PLAIN-CHANT OU CHANT SACRÉ.

Définition.	54
Notation.	54
Portée.	55
Gamme.	55
Notes.	55
Clefs et guidon.	57
Notation sur les diverses clefs.	58
Barres.	59
Valeurs de notes et mesure.	60
Bémol, dièse et bécarre.	62
Exécution du plain-chant.	62
Lecture.	63
Intonation.	63
Tons ou modes de l'Église.	63
Finales et dominantes des huit tons.	67
Nature des huit tons.	67
Lettres tonales.	69
Application de la lettre aux notes du plain-chant.	73
Transposition.	75
Exercices des transpositions.	78
Transposition par les instruments de chœur.	78
Psalmodie.	79
Quantité dans la psalmodie.	80

ON TROUVE A LA MÊME LIBRAIRIE

Bibliothèque usuelle de l'Instruction primaire, par M. *Gillet-Damitte*, instituteur breveté pour l'instruction primaire élémentaire et supérieure ; 25 volumes grand in-18.

Cette Bibliothèque se compose de Traités élémentaires sur toutes les matières prescrites par l'article 23 de la loi du 15 mars 1850 sur l'enseignement. Chaque volume, de cinquante pages, se vend séparément 20 centimes ; le cartonnage se paye 5 centimes en sus.

1. Instruction morale et religieuse, extraite de Fleury. — 2. Méthode de Lecture et d'Écriture. — 3. Livre de Récitation, choix de fables en vers et de morceaux en prose. — 4. Grammaire française, abrégée de Lhomond. — 5. Arithmétique et Calcul. — 6. Système légal des poids et mesures. — 7. Géographie de la France. — 8. Géographie moderne. — 9. Histoire Sainte. — 10. Histoire de France. — 11. Histoire générale des Temps anciens. — 12. Histoire générale des Temps modernes. — 13. Physique appliquée aux usages de la vie. — 14. Chimie appliquée aux usages de la vie. — 15. Histoire Naturelle appliquée aux usages de la vie. — 16. Cosmographie. — 17. Agriculture et Jardinage. — 18. Industrie et Commerce. — 19. Hygiène. — 20. Géométrie usuelle. — 21. Arpentage. — 22. Dessin linéaire. — 23. Musique et Chant. — 24. Gymnastique. — 25. Travaux d'aiguille.

Leçons primaires d'Arpentage, à l'usage des écoles primaires et professionnelles, par M. *Gillet-Damitte*, instituteur breveté pour l'instruction primaire élémentaire et supérieure ; troisième édition revue et augmentée ; 1 vol. in-12, publié en trois parties, *avec planches gravées*.

Première Partie, Arpentage et nivellement ; in-12.

Deuxième Partie, Géodésie ou division du terrain ; in-12.

Troisième Partie, Levé et lavis des plans ; in-12.

Synthèse Logique, ou Cours élémentaire de Composition raisonnée appliquée à l'étude de la langue française ; avec de nombreux exercices gradués, par MM. *Taillefer*, ancien inspecteur de l'académie de Paris, et *Gillet-Damitte*, ancien maître de pension à Paris ; à l'usage des élèves ; 2ᵉ édition ; in-18.

Le même ouvrage à l'usage des maîtres ; 2ᵉ édition ; in-12.

www.ingramcontent.com/pod-product-compliance
Lightning Source LLC
LaVergne TN
LVHW050556090426
835512LV00008B/1188